天天都好用的實效心理學

為什麼離你家愈遠的餐廳，感覺上愈好吃？

TAIWAN

80個科學實證的心理效應，教你避開思考陷阱，做出最佳決定

池谷裕二◎著　李靜宜◎譯

前言

本書是利用測驗問答的形式，說明「認知偏誤」這個大腦的習性。

人類沒有大腦的使用說明書，出生後，都是有樣學樣使用自己的大腦。因此，每個人都有使用大腦的方式*1，有其習性。

所謂認知偏誤，即是我們思考和判斷上的習性。這種習性很麻煩，有時候不可思議地好用，有時候卻又毫無道理。不過，就算看起來再怎麼不合理，多半都還是潛藏著些許優點。

事實上，「直覺」很管用，多數情況下，信任大腦第一時間浮現的直覺並沒有問題。只不過，有時候加上無預期的條件後，

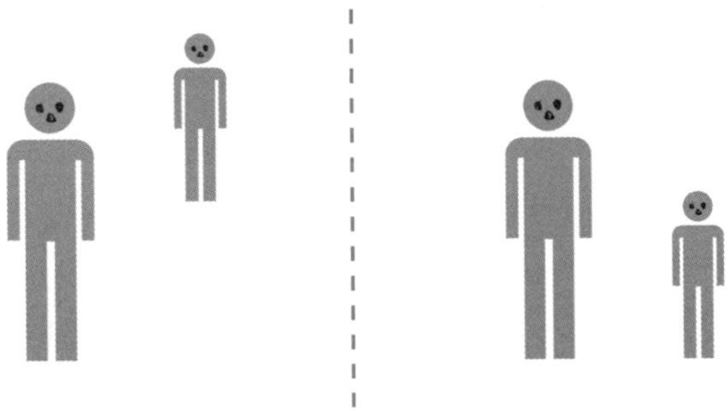

直覺也會引導出奇怪的答案。這個無預期的條件，就是認知偏誤。簡言之，所謂的認知偏誤，是大腦為了最有效率地運作而附帶產生的瑕疵。

在此以「視錯覺」（optical illusion）為例說明，請參考右頁（第2頁）下方的兩張圖。

左右兩張圖的人物都是一大一小，只是一組是並排，一組是一上一下，不過，大腦不會這麼有邏輯地分析，而是直覺解讀看到的狀況。

左圖中兩人的相對位置，是不是讓你有種一遠一近的感覺？比較小的人，感覺在遠處。另一方面，右圖中的兩人，就像是一起走著的親子一般。也就是說，我們會用想像去補充沒畫出來的背景，就如同下方（第3頁）的圖。

由於這是常見景象，所以，也可算是正確的解釋。我們的大腦透過多年經驗，學習到「這樣的解釋並不會不符現實」，因此自然這麼解讀。

我們尤其會在無意識的狀態下，自動解讀這種不言自明的前提，這就是所謂的「反射」。因為如果能快速剔除不必要的選項，就無須將心力花在無謂的事情上，生活得更有效率。

另一方面，兒童由於沒什麼人生經驗，經常（這是指從成人的角度來看）會連一些小事都做不好，或是只要遇到複雜的工作，就一定得花很多時間。但隨著年齡成長，人生經驗變得豐富，遇到事情時的反射性解讀，也會變得正確迅速，生活也更輕鬆。這正是直覺帶來的最大好處。

不過，直覺並不保證永遠正確，要是加上特殊條件，也可能

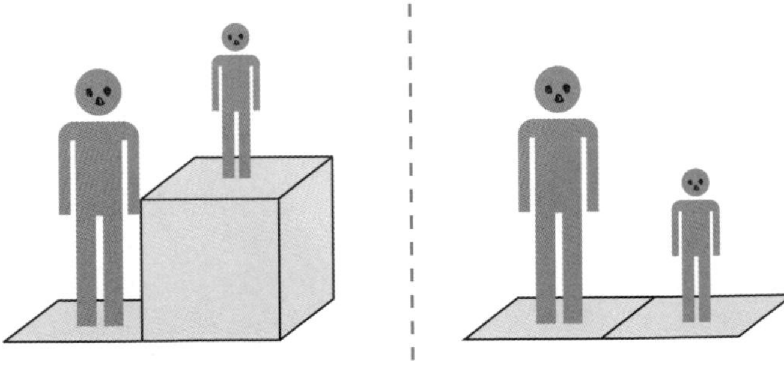

變成「錯覺」。

以前述插圖來說，其實也可能是右頁圖（第4頁）這種狀況。沒有哪組人是一遠一近，都是站在一起，只是位置高低不同。但如果光靠直覺解讀，幾乎想不到會有這種可能性。要是像這樣，如果事情背後的前提不在我們預期中，直覺就會導致認知和事實的落差，這就是「認知偏誤」。

認知偏誤之所以為認知偏誤，是即使我們知道它的存在，還是會不小心落入陷阱，很難修正。

我們無法察覺自己的習性，又對這個事實沒有自覺，就算能看出別人的習性，卻偏偏看不出自己的，而且還很自信滿滿。其實，最大的未知就是我們自己。

在不了解真實自我的狀況下過一生，實在很可惜。既然生而為人，如果能先了解自己的認知偏誤，絕對很有幫助。這就是我寫這本書的目的。本書是幫助人們了解心理盲點的指南，也可以說是「心的字典」。

我們的內心有很多面向，因此認知偏誤也有許多不同的類項，本書精選其中八十種、分為五大項加以說明，從最典型的例子到最新的研究發現都有。為了讓讀者更深入理解，每個類項都設有簡單的問題，讓讀者以測驗的形式參與。問題的形式也很多樣。

書末並整理出兩百二十五個具代表性的認知偏誤，其中包括礙於篇幅，內文中未能介紹到的項目。它們都是經過科學實證的內容，和坊間道聽塗說的閒談不同。若誠實檢視這些項目，你會發現，自己的思維正符合其中許多認知偏誤，可能也會覺得難受心虛，想調整自己。

不過，不用沮喪，也毋須感到丟臉，因為大腦的運作就是如此。

每個人都一樣彆扭，都用自己方便的方式來認識世界，如果不這麼做，人就無法思考。

也就是說，我們的心，以及「思考」的過程，其實就是個帶有偏見的濾鏡，會扭曲真相。因此，「大腦帶有偏見」的這件事本身是無罪的。習性，可說是成熟大腦未清還的債務，而偏見在某些層面來說，也能為生活帶來樂趣。

但請注意，雖說偏見本身無罪，但要是一直沒有意識到自己的偏見，或許就可以說是有罪。如果每個人都盲目相信自己，在此前提下與他人溝通，就很容易在不知不覺中產生摩擦。運氣差的話，或許還會不受控制地朝意想不到的方向發展，演變成吵架、爭執或是戰爭等。

所以，要了解可能產生的認知偏誤，並想好對策。如果能先清楚大腦的習性，就能避免不必要的衝突。

不只如此，愈是了解大腦的運作，就愈能體貼對待自己和他人，也一定會覺得，想不到人類還滿可愛的嘛。

如果本書能成為一本幫助讀者喜歡上人類的大腦使用說明書，我會非常開心。

二〇一六年一月　池谷裕二

1. Finn ES, Shen X, Scheinost D, Rosenberg MD, Huang J, Chun MM, Papademetris X, Constable RT. Functional connectome fingerprinting: identifying individuals using patterns of brain connectivity. Nat Neurosci, 18:1664-1671, 2015.

第一章

啊！難道不是這樣嗎？
——直覺的心理陷阱

目錄 Contents

第二章

你沒有自己想的那麼聰明

——自信的心理陷阱

目錄 Contents

第三章

小心！這是大腦設下的陷阱

——思考的心理陷阱

目錄 Contents

第四章

如何擺脫盲目，讀懂人心

——人性的心理陷阱

目錄 Contents

第五章

眼見為憑，過目不忘？才怪！

——記憶與注意力的心理陷阱

第一章

啊！難道不是這樣嗎？

——直覺的心理陷阱

01

好事要快做

以四人為一組，來玩個小遊戲吧。

首先，每人各分得四十元，然後，依個人意願各捐出一部分做為「共同存款」。遊戲規則是，你捐多少到共同存款，之後再以捐款金額的雙倍數字平分給四個人。而且，直到捐款結束，人們才會知道各自捐了多少。

比如說，如果你捐二十元，就等於投入四十元到共同存款裡，到最後，你則能拿回十元。如果你選擇不捐款，那麼原本拿到的四十元就完全歸自己所有。

四人一起玩這個遊戲，就能看到誰很快就決定要捐多少錢，以及誰很難做出決定，得考慮再三。

那麼，這些人所捐的金額，會呈現出下列哪種傾向呢？

❶ 很快做決定的人會捐得比較多

❷ 很慢做決定的人會捐得比較多

錢財是會流動的

Answer ①

很快做決定的人會捐得比較多

在十秒內做決定的人，平均是捐出二十七元；仔細思考超過十秒以上的人，平均是捐二十一元*[1]。也就是說，深思熟慮的人，比較傾向以自己的利益為優先。

對於要花比較多時間判斷的人，如果催促他們盡快做決定，則會提高捐錢的比率，相反地，如果提醒很快做決定的人要仔細思考，則會降低捐錢的比率。

好事要快做。愈是憑直覺盡速做出判斷，就愈能採取對全體有利的行為。反過來說，愈是停下腳步躊躇思考，內在的聲音就會變得誠實，進而做出比較有利自己的判斷。

有研究顯示，購物時若是深思熟慮，就容易搖擺不定，遲遲無法下定決心*[2]。因為想得愈多，就愈無法坦然面對直覺。毫不遲疑，立刻做出決定，才能避免愈想愈無法行動。

以下就是常見的生活實例。

——考試作答時，要是想太多，寫出來的答案反倒會有問題。

——運動時，要是太注意自己的姿勢，反而容易表現不佳。

還有一種情況。

別人要是問你對某個人的觀感，就毫不遲疑回答「那個人不錯」吧。若是停個五秒再說同樣的話，意義就正好相反了。

心理學效應

深思熟慮的陷阱（The Devil is in the Deliberation）

愈是深思熟慮後做的決定，會愈沒有一貫性，且比較容易有輕忽道德的傾向。

1. Rand DG, Greene JD, Nowak MA. Spontaneous giving and calculated greed. Nature 489:427-430, 2012.
2. Nordgren LF, Dijksterhuis AP. The devil Is in the deliberation: Thinking too much reduces preference consistency. J Consum Res 1:39-46, 2009.

02

悄悄植入你內心

沒用過的紙是什麼顏色？

婚紗是什麼顏色？

雲是什麼顏色？

護士服是什麼顏色？

蛋殼是什麼顏色？

那麼，請問餵養小牛的母牛，每天早上喝什麼？

❶ 牛奶

❷ 水

❸ 可樂

想要大口大口喝

Answer ②

水

由於前五個問題會讓人想到「白色」，所以應該有不少人會不假思索回答「牛奶」，但正確答案是水＊1。請注意，喝牛奶的是小牛，而非母牛。

「我可是正確回答②水喔」，有讀者可能會得意地這麼說。但請這些讀者更誠實面對自己的潛意識。你們是不是先懷疑，這應該是陷阱題，然後才選擇「水」這個答案，否則看完問題後，你腦中先想到的詞彙應該是「牛奶」吧。

如同此例，不管我們願不願意，就是會受到先前經驗在心裡造成的印象所影響，這種現象稱為「促發效應」＊2。

這個效應比想像中強烈，有時甚至會持續好幾天＊3，在當事人毫無自覺下，對判斷和決定造成影響，除非自己有所察覺，否則無法修正。因此，在潛意識之下的偏見，比有意識的偏見更麻煩。

心理學效應

促發效應（Priming Effect）

剛接收到的資訊，會在我們回想事物時造成影響。

1. Koch C. Consciousness: Confessions of a Romantic Reductionist. The MIT Press 2012.
2. Meyer DE. Schvaneveldt RW. Facilitation in recognizing pairs of words: Evidence of a dependence between retrieval operations. J Exp Psychol 90:227-234, 1971.
3. Tulving E, Schacter DL, Stark HA. Priming effects in word fragment completion are independent of recognition memory. J Exp Psychol 8:336-342, 1982.

03

我敢掛保證！

有兩款殺蟲劑，售價分別是五百和七百日圓。兩者的差別在於對人體的有害性，較貴的殺蟲劑比較無害。

在下列哪個狀況下，買七百日圓那一款的人會比較多？

❶ 五百日圓的殺蟲劑噴一千次，會有十五次釋出有毒物質；七百日圓的殺蟲劑，則是一千次有十次會釋放有毒物質。

❷ 五百日圓的殺蟲劑噴一千次，會有五次釋放出有毒物質，七百日圓的則是無毒。

徹底執行

Answer ②

五百日圓的殺蟲劑噴一千次，會有五次釋放出有毒物質，七百日圓的則是無毒。

兩個選項，同樣都是比較貴的殺蟲劑比便宜的殺蟲劑「少了五次危險性」，不過，大腦需要的是確實感。機率愈趨近〇或百分之百這兩個極端，愈是清楚易懂，也更有吸引力*1。因此，一般人會花更多錢購買標榜無毒的殺蟲劑*2。

比起將風險程度從十降為一，從一降為零會令人更有感，也更能導致非理性的決定，這種狀況並不罕見，在從事金錢投資的人身上尤其明顯可見。但其實它在日常生活的許多領域也左右著我們的決定，從警察防止犯罪、藥廠針對藥品副作用採行對策這種大規模行動，到下棋時決定關鍵的一步，以及決定告白時機等都是。

如果一件事有可能失敗，我們就會猶豫不前。

說起來，「一千人之中，會有一人因用藥造成副作用」和「零副作用」，這兩種狀況的差異，在現實生活中根本微不足道，但對大腦而言，它們對人產生影響力卻大不相同。

在人們的感受中，零風險比一%好得多。除非風險是零，否則我們很難區分風險高低的意義。因此，像是「零熱量」、「人人有獎」、「無臭」、「保證還本」……等，大腦對這類訴諸情感的絕對數字或數量的形容，很沒有招架能力。

心理學效應

零風險偏誤（Zero-risk Bias）

人們偏好把小風險降為零（例如 1%↓0%），勝過把大風險降低更多（例如 5%↓2%）。

1. Kunreuther H. Managing hazardous waste: past, present and future. Risk Anal 11:19-26, 1991.
2. Viscusi WK. An investigation of the rationality of consumer valuations of multiple health risks. RAND J Eco 18:465-479, 1987.

04

如何減少心理損失？

請想像，你正準備參加一場門票要價一千五百元的演唱會。以下有兩種情況。

情況A——到演唱會現場後你才發現，你居然把門票放在家裡。眼看演唱會即將開始，已經來不及回家拿。

情況B——你打算當天去現場購票，但在去會場的路上，你不慎搞丟了一千五百元。

你錢包裡還有足夠的錢買一張門票。

請問，若跟你處於相同情境，在哪個狀況下，會有比較多人想買演唱會門票？

❶ 場景A的狀況

❷ 場景B的狀況

精打細算的消費者

Answer ❷

場景B的狀況

就算同樣會損失一筆錢，但情境不同，就會影響當事人做決定的方向＊1。狀況題中，兩種情況都是損失一千五百元。從數學的角度來看，雖然兩者的損失相同，但大腦並不會這麼理性地判斷。

在選項①中，自己要做的投資，在預購演唱會門票時就已經完成。由於自己疏忽而忘記帶門票的狀況下，我們應該不會想再重買一張吧。忘記帶門票已經讓人覺得很虧了，要是再重買一張同樣的門票，就是多花一筆不必要的支出，感覺損失更大。所以，大部分的人會覺得重買一張門票才真是虧大了。

另一方面，在選項②的場景，我們會覺得買門票本來就是自己打算做的投資，所以能跟弄丟錢的問題分開來看。

心理學效應

框架效應（Framing Effect）

同樣的事情有很多種表達方式。雖然是同樣的內容，但換個不同的說法，感覺或後果就會完全不同。

1. Tversky A, Kahneman D. The framing of decisions and the psychology of choice. Science 211:453-458, 1981.

05

選擇愈多，買得愈少

在百貨公司的美食街有可供試吃的果醬銷售攤位。

請問，下面哪一攤生意會比較好？

❶ 有六款口味可選擇的果醬攤位

❷ 有二十四款口味可選擇的果醬攤位

你要嚐嚐味道嗎？

Answer ❶

銷售六款果醬的攤位

大腦在同一時間能處理的資訊量有限，若超過可負荷的量，大腦就會停止選擇。

在本題的情境下，有實驗顯示，只販賣六種口味的果醬攤位，營業額會是提供二十四種口味果醬攤位的七倍*1。

顧客比較會停下腳步駐足觀看的攤位，是口味較多的果醬攤位，這應該是因為貨架上的種類琳瑯滿目，感覺比較醒目吧。

不過，停下腳步後實際的購買率，陳設六種果醬的攤位是三十%，二十四種果醬的攤位則只有三%。

再者，以顧客滿意度來說，品項較少的攤位也相對較高。

雖說銷售者提供大量的選項，覺得自己是站在顧客的立場著想，但這不過是種偽善的自我滿足罷了。

拉麵店也是一樣的道理。

如果聽到店家說：「我們只賣一種鹽味拉麵喔！」，反倒會讓人認為這樣簡單又乾脆，不但好感度提升，也會覺得店家對產品的專注與用心值得信賴。

在大學課堂中也進行過類似實驗。

實驗內容是在社會心理學的課堂中，請學生從老師提供的幾個主題中，挑一個喜歡的題目寫成報告。在實驗中，一組學生得到六個主題，另外一組則有三十個主題。結果，有六個主題可選的學生，有七十四%交出報告；有三十個主題可選的學生，則有六十%交報告。在報告表現上，也是有六個主題可選擇的學生獲得高分的比率較高，約有六%。

心理學效應

選擇超載效應（Choice Overload Effect）

選項過多，反而不利於人們做出滿意的選擇。

1. Lepper MR. When choice is demotivating: can one desire too much of a good thing? J Pers Soc Psychol 79:995, 2000.

06

換個說法，就能改變想法

你正在減肥，所以想盡可能多吃蔬菜，不過，偶爾還是會很想吃肉。今天你就打算做健康的肉丸解饞。

你到了超市，看到貨架上陳列了兩款絞肉，標籤上的標示如下：

A絞肉——肥肉比例25％

B絞肉——瘦肉比例75％

你覺得，買哪款絞肉的人會比較多？

❶ 肥肉比例25％的A紋肉

❷ 瘦肉比例75％的B紋肉

被看穿了

Answer ②

瘦肉比例75%的B絞肉

這兩種絞肉其實是同一種，瘦肉和肥肉的比例都是75：25，但多數人不想吃那麼多肥肉，所以會選擇B＊1。

這種情況顯示，就算兩種事物的條件相同，但光是表現方式有異，就會給人完全不一樣的印象。也就是說，傳遞資訊的框架不同，會賦予資訊不同的意義。

例如，身處困境時，是告訴自己「我還撐得下去」，或是「我已經不行了」，這兩種截然不同的想法，對未來就會產生截然不同的期望。

這個原則在教育和醫療上也很重要。跟質疑學生「你只了解一半嗎」相比，讚美他「你已經了解一半了耶」，比較能讓學生有自信；還有，比起跟患者說「你一週只能外出一次」，跟他說「你一週可外出一次喔」，比較能帶給患者希望。

心理學效應

訊息框架效應（Information Framing）

即使是同樣的資訊，說明方式不同，給人的感覺也會不同。

1. Levin IP. Associative effects of information framing. Bull Psychon Soc 25:85-86, 1987.

07

因為喜歡，才更有動力

如果問陸軍士官學校的學生，他們為什麼來讀軍校。回答以下哪個理由的人，十年後會有比較好的發展？

❶「希望培養技能和內在素養，將來成為軍官，報效國家。」

❷「因為覺得軍隊生活很有趣。」

反對戰爭

Answer 2

因為覺得軍隊生活很有趣

一般認為，對將來有明確的目標或願景，會比較有努力的動機。再者，如果多一點目標，也比只有一個目標好。

但事實上，與懷抱有許多夢想和目標的軍校生相比，單純只是因為個人喜歡而就讀軍校的學生，之後成為軍官的比例比前者高了約十五%＊1。因為興趣而讀軍校的人，比較能一直保持衝勁。

如果是為了所愛的人、為了出人頭地、為了賺錢、為了提升自我、為了報仇……等原因，從長遠來看，愈是以目的或理念來包裝自己行為的人，表現會愈差。

會造成這些情況的理由只有一個：喜歡，所以才去做＊2，這樣就好。因為喜歡，就不需要理由。

心理學效應

內在動機（Intrinsic Motivation）

從事某項活動時，只因為感覺有趣、滿意、愉快或喜歡，就能產生動力，而無須他人驅策。

1. Wrzesniewski A, Schwartz B, Cong X, Kane M, Omar A, Kolditz T. Multiple types of motives don t multiply the motivation of West Point cadets. Proc Natl Acad Sci USA 111:10990-10995, 2014.
2. Ryan R, Deci EL. Intrinsic and extrinsic motivations: classic definitions and new directions. Contemp Edu Psychol 25:54-67, 2000.

08

習慣決定消費

與朋友相約的時間，還有三十分鐘左右才到，你打算找家咖啡店看看書，打發時間。

眼前正好有兩家咖啡店，兩間都沒有明顯的特色，也都很普通。兩家店中，一間是連鎖咖啡店，你曾去過其他分店，另一間則是你完全沒聽過的店。

在此狀況下，多數人會進入哪家店？

❶ 曾去過其他分店的咖啡店

❷ 沒聽過的店

Answer ❶

曾去過其他分店的咖啡店

大腦一旦做出某個決定，這個決定就會限制我們將來的行為＊1。據調查結果顯示，如果單純要殺時間，多數人會選擇去本來就知道的咖啡店。

我們只要偶然進入某家商店，之後就會因為曾去過，感覺比較安心，而更容易再去光顧。一開始在沒有多想之下所做出的行為，也會因為反覆進行而形成固定的習慣。因而在此情況下，我們會不假思索地再度走進同一家店。

又例如，在偶然的機會下，你在朋友生日時買了禮物送他，這麼一來，隔年再送禮物給他的可能性也會提高，而在這過程中，你也會認為自己就是那種別人生日時會送禮物的人。

大腦的運作，會讓我們在不知不覺間，受限於自己對自我的想像。我們會模仿自己過去的行為，這種傾向，也是形成熟客與例行公事的根源。

心理學效應

自我因循（Self-herding）

我們會因為自己先前的行為模式，而慣性地依循此一方向繼續做出相同的決定。

1. Ariely D. The upside of irrationality. The unexpected benefits of defying logic at work and at home. Harper Collins, 2010.

09

你的最愛值多少錢？

請先回想一下，你擁有的CD中，你最喜歡哪一張。

現在，如果有人跟你說，他想買你最喜歡的那張CD。這張CD原本的定價是三百元，你會開價多少？

在此情況下，最多人會選擇哪個選項？

❶ 賣的比三百元貴

❷ 同樣用三百元賣出

❸ 賣的比三百元便宜

充滿回憶

Answer ❶

賣的比三百元貴

假設有人想用一組相同的新碗，跟你交換你已經用了十年的碗，一般人應該不會想交換吧。

大腦的機制，會讓我們對擁有的東西產生情感，抗拒放手。比起擁有新東西的快感，我們對於失去所有物的不快感更為敏感，這種心態稱為「稟賦效應」＊1。

這種對擁有物的情感，經常會導致不適當的行為，像是錯過賣出股票的好時機、沒有目的地一直存錢，或是書架上滿是自己沒讀過的書等等。

有些郵購、網購會標榜「試用一週免費，不喜歡可退貨」，但據說真會退貨的人極少，這也可說是成功利用稟賦效應的商業模式。

此外，這個效應也會發生在長期交往的戀人之間。因為害怕分手後無法找到更好的人，所以就繼續維持一段可能覺得對方並非很適合自己的一段感情。

心理學效應

稟賦效應（Endowment Effect）

當一個人擁有某樣物品時，對於它的價值評估會高於尚未擁有的時候。

1. Kahneman D, Knetsch JL, Thaler RH. Experimental tests of the endowment effect and the Coase theorem. J Pol Eco 98:1325-1348, 1990.

10

為什麼人們總是愛跟風、搶排隊？

想吃醬油拉麵時，正好看到有家拉麵店生意很好，於是也跟著排隊。

不過，這家店有名的是不是鹽味拉麵啊？怎麼其他客人都點這一味？

在此狀況下，多數人會怎麼做？

❶ 還是點一開始想吃的醬油拉麵

❷ 改點該店招牌的鹽味拉麵

大家都在看

Answer 2

改點該店招牌的鹽味拉麵

人們很容易受周遭的意見左右*1，所以，除非是超級想吃醬油拉麵，否則就會受當下氣氛的影響，點了鹽味拉麵吧。

「因為大家都這麼做」、「因為大家都這麼說」，這種心態稱為「同儕壓力」(「或社會壓力」)。同儕壓力不只是形成流行和暢銷商品的原動力，也是造成股價暴跌及社會恐慌的深層因素。

比方說，團體中適度的意見分歧，從整體來看，會呈現各種意見很平均的狀態，但經過共同討論後，就會形成較偏向贊成或反對的結果，亦即「團體極化」(group polarization)，這也是在同儕壓力下形成的現象*2。有趣的是，參加會議的人還會相信，「這是大家共同決定的，所以是公平正確的意見」。

再者，當我們說「最近大家都結婚了」、「大家都拿到比較多零用錢喔」，所謂的「大家」，具體來說是幾人？調查的結果是三人以上。

只要人數超過三人，就會削弱單一個人的具體性，變成所謂「大家」的抽象對象。類似的表現還有「他『總是』遲到」、「『到處』都有在賣」等說法。

有時候，一句話中也會出現好幾個這種表現的詞彙，例如「謝謝『大家』『一直以來』的照顧」。

心理學效應

從眾效應（Bandwagon Effect）

當個人受到團體的引導或壓力，就會懷疑自己的正確判斷，進而改變觀點或行為。

1. Leibenstein H. Bandwagon, snob, and veblen effects in the theory of consumers demand. Quart J Econ 64:183-207, 1950.
2. Asch SE. Effects of group pressure upon the modification and distortion of judgements. In Guetzkow H, ed., Groups, Leadership and Men. Carnegie Press 177-190, 1951.

11

「買到賺到」的消費陷阱

某校企管系的學生必須購買一年份的經濟週刊雜誌。這份雜誌有紙本版，以及可透過網路閱讀的數位版。

下列哪個選項的訂購人數最多？選項下方的金額，是訂閱一年的費用。

❶ 只訂數位版　5,900日圓

❷ 只訂紙本版　12,500日圓

❸ 數位版和紙本版的套裝組合 12,500日圓

選我選我！！

Answer ③

數位版和紙本版的套裝組合　12,500日圓

調查結果，有八十四％的學生選擇方案③，占壓倒性多數。

至於方案②，果然沒人選。因為②和③價格相同，光買紙本版會覺得吃虧。

也就是說，要比較的選項，其實只有①和③，選項②無意義。

不過，事情當然沒這麼簡單，要是將選項②去除，只剩下——

①只訂數位版　5,900日圓

③數位版和紙本版的套裝組合　12,500日圓

那麼，選擇③的人就會減少至三十二％。也就是說，選項②不是用來讓人選擇的，只是利用它來改變人的選擇偏好。這稱為「誘餌效應」＊1。

例如餐廳的菜單，有個版本只有兩種咖哩選項：咖哩（1000日圓）、特製咖哩（1500日圓）；另一個版本有三種咖哩選項：咖哩（1000日圓）、特製咖哩（1500日圓）、頂級咖哩（3000日圓）。那麼，多一個選項的菜單，會導致較多人點特製咖哩。

商業行為時常利用這個效應，刻意提出消費者根本不會考慮的選項，但條件卻明顯優於消費者原本有意購買的產品。所以，如果我們打算在兩個方案之間做出抉擇，就只要比較這兩種選項就好，不要理會原先根本就不列入購買考量的其他選項。

心理學效應

誘餌效應（Decoy Effect）

人們對兩個不相上下的選項進行選擇時，因為第三個新選項（誘餌）的加入，會使某個舊選項顯得更有吸引力。

1. Huber J, Payne JW, Puto C. Adding asymmetrically dominated alternatives violations of regularity and the similarity hypothesis. J Consum Res 9:90-98, 1982.

12

換，還是不換？

三個箱子中，有一個裝有獎品，你不知道哪個才有，但出題者知道。

你選了一個你認為裝有獎品的箱子後，出題者打開另外兩個箱子中的一個，讓你看到裡頭並無獎品，然後跟你說，你可以再選一次箱子。

在此情況下，選擇哪個選項的人比較多？

❶ 維持原來的選擇

❷ 換成出題者沒打開的另一個箱子

只有我知道

Answer ❶

維持原來的選擇（正確做法是②）

這類問題稱為「蒙提霍爾問題」（又稱「三門問題」，Monty Hall problem）。

雖然選①的人比較多，但從機率來看，正確選項應該要選②*1，放棄一開始選的箱子，選擇另一個還沒打開的箱子，中獎機率比較高。因為，一開始選的箱子，中獎機率是三分之一，但知道另外兩個箱子中有一個沒獎品後，選另一個箱子的中獎機率就會變成三分之二。

對上述說明還是沒概念的人，請試著想像有一百個箱子的情況。如果從一百個中選一個，猜中的機率是百分之一，但要是出題者打開其餘九十九個箱子中的九十八個，讓你知道它們裡頭都沒有獎品，那你一定會覺得，剩下的那個箱子中獎的機率很高吧。

儘管如此，面對這種蒙提霍爾問題，卻還是有八十五%的人不會改變選項。

大腦的運作，讓我們就算經常受到偶然左右，也會妄想自己能靠本身能力或意志去改變什麼*2。也因此，我們會覺得自己選的箱子「似乎比較會中獎」。

買樂透也一樣，多數人應該都比較希望自己買，而不是拜託他人代買吧。另外，擲骰子時，如果希望擲出較大的數字，多數人也會比較用力。而之所以會有祈雨儀式，也是因為人類誤以為自己有能力左右天氣。再者，也有很多投資人以為自己能看懂股價，結果投入龐大金錢卻落得慘賠的下場。

附帶一提，有研究顯示，如果讓鳥做蒙提霍爾問題，牠們能做出正確選擇＊3。

心理學效應

控制的錯覺（Illusion of Control）

人們以為自己對事物的控制能力或控制權，超過實際上所擁有的。

1. Burns BD, Wieth M. The collider principle in casual reasoning: why the Monty Hall dilemma is so hard. J Exp Psychol Gen 133:434-449, 2004.
2. Langer EJ. The Illusion of Control. J Pers Soc Psychol 32:311-328, 1975.
3. Herbranson WT, Schroeder J. Are birds smarter than mathematicians? Pigeons（Columba livia）perform optimally on a version of the Monty Hall Dilemma. J Comp Psychol 124:1-13, 2010.

13

「直接拿1億」與「50%可拿2億」，你會選哪個？

以下哪個選項，選的人比較多？

❶ 直接拿到一億日圓

❷ 有五成機率能拿到兩億，五成機率一毛錢都拿不到

再換另一個問題。

以下哪個選項比較多人選？

❸ 會損失一億日圓

❹ 有五成機率會損失兩億日圓，五成機率沒有損失

確定沒問題了才過橋

Answer ①

直接拿到一億日圓

Answer ④

有五成機率會損失兩億日圓，五成機率沒有損失

四個選項平均下來，都是獲得或損失一億，不論選哪個，事實上都一樣。不過，大腦會受情感左右，無法做出這麼冷靜的判斷。

在此狀況題中，只要問到「能拿到的錢」，多數人一定是選①；若問到損失，則因為選項④「有可能完全沒有損失」而選它。

一般來說，與「獲利」相比，我們會較注意到「損失」*1。例如以下兩種情況。一個情況是聚餐結帳時，大家平分餐費，付帳後你又拿回一塊錢；另一個情況是用一千塊買九九九元的東西，你忘了拿找零的一塊錢（兩個場景我都實際經歷過）。同樣是一塊錢，我們會覺得後者的一塊錢比較有價值。

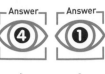

另外，價格不同，也會影響選擇。例如，車站前的商店賣六千日圓的手機，而在多走十分鐘的另一家店只賣兩千日圓，我們一定會願意多走那十分鐘吧。不過，如果換成液晶電視，車站前的商店賣三十七萬六千日圓，多走十分鐘的店賣三十七萬兩千日圓，一般人又會怎麼做呢？雖然同樣差四千日圓，但應該不會想多走十分鐘去買吧。

狀況題也一樣。

如果換成以下選項——

①直接拿到一百日圓

②有五成機率能拿到兩百日圓，五成機率一毛錢都拿不到

那麼，一般人就會選擇②而非①了。

心理學效應

展望理論（Prospect Theory）

大多數人基於參考點位置的不同，對風險與得失判斷也會有不同的態度。在面臨獲利的時候，是會規避風險的；在面臨損失的時候，則是喜好風險的。

1. Kahneman D, Tversky A. Prospect theory: An analysis of decision under risk. Econometrica 147:263-291, 1979.

14

我早就知道會這樣！

你每天都走習慣走的路線上班。

今天你睡晚了點，眼看就快要遲到了，你決定抄捷徑去公司。

但你運氣不好，途中有座橋在前陣子的颱風侵襲下毀損，目前正在施工。結果，你嚴重遲到。

遇到這種狀況，多數人會怎麼想？

❶ 算了，那也沒辦法

❷ 如果走平常的路線就好了

這條路對嗎？

Answer 2

如果走平常的路線就好了

任何人都有過「後悔」的經驗吧。

在此狀況題中，會覺得「要是走平常的路線就好」，前提是要事先知道另一條路線的橋「有可能無法通行」，或者，最少也要有餘力思考那麼多。但就是不重視這種可能性，才會選擇捷徑。

事情發生後，我們再回想，常會覺得「事前應該能料到」、「我應該能做到」，這稱為「後見之明偏誤」＊1＊2。這種偏誤在很多情境下都能看到，例如：「早知道我就應該先賣掉股票」、「那時候我幹嘛要放棄呢」、「我應該先告白才對」等。

任何事發生前，都有很多可能性，但發生後再回頭看，我們就會覺得已發生的事實的確是百分之百會發生。會說出「果然如此」、「我就知道會變這樣」、「我不是說過嗎」，都是由於後見之明偏誤所造成的錯覺。

後見之明偏誤的這種心態，最早是從醫生的行為中發現的。醫生對自己的診斷能力太有自信，會以一副早就知道病患會生病的口氣說話，比如：「你這種生活方式，會生病也是理所當然的事。」

這種偏誤的問題，在於會將一些現象看作預兆，編造出根本不存在的因果關係，終致演變成迷信。

心理學效應

後見之明偏誤（Hindsight Bias）

人們常會有種錯覺，在事情發生、我們已經得知結果之後，讓自己認為對該事件有相當強的預測或了解能力，但事實上並不然。

1. Fischhoff B. Hindsight ≠ foresight: The effect of outcome knowledge on judgement under uncertainty. Qual Saf Health Care 12:304-312, 2003.
2. Fischhoff B. An early history of hindsight research. Soc Cog 25:10-13, 2007.

15

颱風的名字會影響災情？

美國氣象局在颱風成形後，會輪流以男性和女性的名字為颱風命名。那麼，是男性或女性名字的颱風，會造成較嚴重災情？

❶ 男性名字的颱風造成較嚴重災情

❷ 女性名字的颱風造成較嚴重災情

❸ 跟名字無關

你的名字是……？

Answer 2

女性名字的颶風會造成較嚴重災情

美國氣象局在為颶風命名時，當然無法事前預知其強度而配合命名。因此，不管颶風叫什麼名字，跟它的威力都無關。儘管如此，女性名字的颶風卻會造成較多人喪命＊1。

理由很簡單，因為女性的名字給人一種較溫柔的感覺，導致民眾容易低估其危險性，而疏於防災。

名字不純粹是標籤，它對人的判斷也會造成各種影響，不容忽視。正如種族或貧富被貼上標籤後，就會產生歧視與偏見一樣＊2。

行銷上也會積極利用這種貼標籤的方式。比如賣場的蔬菜區，只要註明蔬菜是「有機蔬菜」、「有機栽培」、「國產」，就會給人一種有益健康的印象。

不過，並沒有科學證據可證明有機食品有益健康。栽種時，如果不使用應當使用的農藥，導致農作物生病，反倒有害健康。再者，不用農藥或使用有機肥料耕作，收成率較差，只好靠著擴大耕地面積以彌補這個缺點。所以，也有人批評，這會造成砍伐森林或破壞自然的結果＊3。

心理學效應

標籤理論（Labelling Theory）

一個人、一個組織、一個地區或一種名詞被人貼上標籤之後所產生的效應，包括強化、自我認同、刻板印象等。

1. Jung K, Shavitt S, Viswanathan M, Hilbe JM. Female hurricanes are deadlier than male hurricanes. Proc Natl Acad Sci USA 111:8782-8787, 2014.
2. Mead HG, Becker HS. Labeling Theory: Social Constructionism, Social Stigma, Deinstitutionalisation. General Books LLC, 2013.
3. Clancy K, Hamm M, Levine AS, Wilkins J. Organics: evidence of nutritional superiority is weak. Science 325:676, 2009.

16

快速心算的數字迷思

請看一下左頁的算式，再憑直覺回答以下問題：

A和B哪個算式計算出的數字較大？

❶ 算式A＝1*1*2*2*3*4*5*9*8*7*6

❷ 算式B＝9*8*7*6*1*7*5*1*3*2*1

已經很清楚了

Answer ❶

算式A

實際計算後，算式A得出725760，算式B得出635040，算式A的數字較大。應該會有人因為這個結果跟自己的直覺印象相反，而感到驚訝。

必須快速判斷時，我們很容易根據前面一部分的資訊來判斷整體。像這樣受特定資訊的影響來做整體判斷，稱為「錨定」。

比方說，就算是只有數字排序相反、但計算結果相同的算式，一般人如果必須快速心算的話，也會得出不同的數字。

算式C＝1*2*3*4*5*6*7*8

算式D＝8*7*6*5*4*3*2*1

大部分的人都覺得算式C得出的數字大約500，算式D得出的數字則約2000＊1。人果然很容易受算式開頭的數字所影響。

事實上，算式C和D的計算結果都是40320，這個數字比多數人想像的大。這是因為從人類的演化上來看，大腦處理數字的時間還很短，所以對數字的直覺不是那麼準確。

心理學效應

錨定效應（Anchoring）

人們在進行決策時，會過度偏重最早取得的資訊（此稱為錨點），即使這項資訊與此決定無關。當錨點與實際上的事實之間有很大的出入時，就會出現當局者迷的情況。

1. Tversky A, Kahneman D. Judgment under uncertainty:Heuristics and biases. Science 185:1124-1130, 1974.

17 熟悉度＝好感度

洗臉台的排水孔不通，所以你去賣場買水管清潔劑。架上有兩種商品，一種是知名清潔劑公司出的商品，另一種是沒聽過的公司出的。

兩者價格相同，在此情況下，多數人會選擇哪項商品？

❶ 知名公司的商品

❷ 現在才得知的公司出的商品

Answer ❶

知名公司的商品

對野生動物來說，對見過的事物感到安心，是一種重要本能——因為「自己現在還活著」，至少沒有在之前見到時喪命，這就表示它們是安全的。

這種「對自己知道的事物有好感」的本能，在人類進化後仍然保留下來。以狀況題來說，雖然沒聽過的公司出的商品可能比較好，但人還是會為了安心感，選擇知名公司的商品。

就像這樣，我們對於頻繁接觸的對象，會愈來愈有好感＊1。像是電視廣告、宣傳，甚至是選舉活動時眾人連續呼喊候選人名字的行為，都是訴諸這種心理。

——選舉時，選民會投票給常聽到名字的候選人，而非不認識的候選人。

——比起不熟悉的音樂類型，自己熟悉的類型聽起來會比較舒服。

——就算是不尋常的奇聞異事，在反覆聽過幾次後，也會跟著相信。

——和公司同事或同學結婚的例子很常見。

日本有句有點毒的諺語是：「醜女看三天就習慣了」，但這話確實有其道理。

附帶一提，我們每天照鏡子，看慣自己的外表，因此我們以為自己有魅力的程度，事實上是比別人看我們還來得高*2*3。

另外也有一種狀況是，本來印象很差的人，在頻繁見面後，感覺會更差*1。

心理學效應

重複曝光效應（Mere-exposure Effect）

人們會偏好自己熟悉的事物，只要經常出現就能增加喜歡程度的現象。

1. Bornstein RF, Craver-Lemley C. Mere exposure effect. In Pohl RF, Cognitive illusions: a handbook on fallacies and biases in thinking. Judgement and Memory. Psychology Press, 2004.
2. Atasoy O. You are less beautiful than you think. Sci Am, May 21, 2013.
3. Nestor MS, Stillman MA, Frisina AC. Subjective and objective facial attractiveness: ratings and gender differences in objective appraisals of female faces. J Clin Aesther Dermatol 3:31-36,2010.

18

你擔心的事，果然九成都會發生

美國某間大學舉行了兩次匿名數學考。參加考試的學生多數是白人，少數是黑人。兩次數學考的設定不同。

考試A：完全匿名

考試B：雖然匿名，但考卷上有填入白人或黑人的人種欄位

請問，哪次考試中，白人和黑人的分數差距較大？

❶ 完全匿名的考試，分數差距較大（考試A）

❷ 註記人種的考試，分數差距較大（考試B）

❸ 沒有差別

Answer 2

註記人種的考試，分數差距較大（考試B）

人習慣將事物類型化，即使對自己也是如此。尤其是弱勢者，經常會由於孤獨感以及遭受歧視等的（不存在的）挫敗感，覺得其他人都看不起自己，而感到自卑。

這種負面的刻板觀念，會形成對自我認知的束縛，以至於容易放大別人的一言一行，將之解讀為敵意或惡意。對歧視太敏感所造成的精神壓力，不僅會使人覺得不幸福，也會影響智能。

在此狀況題即是如此。雖然白人和黑人的學業表現理當沒有差別，但黑人由於自認是社會弱勢，結果導致考試分數不佳＊1＊2。而這個結果，又會加深黑人的挫折感，於是逃避能夠區分出能力高下的事，變得害怕考試。

自卑造成的惡性循環，不只出現在人種的差異上，也出現在各種不同的差異中，如富裕與貧窮、高學歷與國中畢業、男與女、都市與鄉村等等。

如果將狀況題換成體育成績，狀況就剛好相反，變成白人會覺得自己的運動表現不如黑人。此外，如果是數學成績，白人則會覺得自己不如黃種人，而有逃避考試的傾向。

另一種狀況完全相反的「自我感覺良好」，同樣也會形成惡性循環。

比方說，如果鼓勵成績差的學生「你只要努力就辦得到」，反倒可能使學生覺得「反正我努力就能做到，那現在不努力也沒關係」，結果在怠惰之下，成績落後別人更多。如此一來，當然會落入就算努力也追趕不上的窘境。這時，學生就算用功讀書，只是證明自己就算努力也徒勞無功，只好繼續不努力，以維護自尊，藉此欺騙自己，其實只要努力就能辦到。

心理學效應

刻板印象威脅（Stereotype Threat）

人們總是擔心別人會根據自己的負面刻板形象來評價自己的現象，是一種自我應驗的憂慮。

1. Steele CM, Aronson J. Stereotype threat and the intellectual test performance of African Americans. J Pers Soc Psychol 69:797-811, 1995.
2. Walton GM, Cohen GL. A brief social-belonging intervention improves academic and health outcomes of minority students. Science 331:1447-1451, 2011.

19

斑馬紋的迷思

斑馬的身體和條紋是什麼顏色？
你認為多數人會選哪個答案？

❶ 白底黑紋
❷ 黑底白紋

Answer
❶

白底黑紋

自己認知的世界，就是一切。不，嚴格來說，除了大腦認知的世界外，我們也無從了解他人腦中的世界。因此，很遺憾，我們無法藉由與他人比較，來判斷自己正確與否。

或許正因如此，人會過度自信＊1。不論多謙虛或多自卑的人，都是在受困於「常識」的前提下生活。

然而，只要環境一變，「常識」就會變成「缺乏常識」。

對我們來說，斑馬的身體是白底黑紋；但如果問黑人同樣的問題，卻會得到相反答案，也就是黑底白紋。的確，只要是在黑色肌膚上塗以白色顏料裝飾，想法就正好相反。

再仔細想想，斑馬原本的棲息地是非洲，所以也可以說，當地人認為的黑底白紋比較「正確」。

所謂「正確」，是取決於人們是否因長時間處於某種環境或觀念下，已經習慣而認為是理所當然的事。所以，對你而言的正確標準，可能換個人或換個環境來看，就馬上崩解。

這樣看來，結論是所謂的正確和不正確，不過是人們感覺「愉快」和「舒適」的程度罷了，說到底，就是回歸到「喜歡或討厭」的問題。比方說，如果有人自以為是地怒斥他人「你的態度有問題」時，即使將這句話換成「我討厭你的態度」，意義也是一樣的。

遺憾的是，我們經常無條件認為，自己長期以來形成的好惡觀就是正確的。如果誤將自己個人的價值標準，當成是非標準，就容易產生歧視。比如說，即使是鹹蛋超人和麵包超人這種卡通英雄，如果換個角度看，他們就成為經常使用暴力來解決問題的壞蛋。

常識和缺乏常識、正義與不公不義、善與惡、愉快和不愉快、正常和異常、得到與損失、健康與疾病……所有相互矛盾的命題，只要立場不同，定義就完全不一樣，兩者間的界線其實是很模糊的。

心理學效應

過度自信效應（Overconfidence Effect）

雖然對自己的答案很有自信，但還是出人意外地會是錯誤的。

1. Pallier G, Wilkinson R, Danthiir V, Kleitman S, Knezevic G, Stankov L, Roberts RD. The role of individual difference in the accuracy of confidence judgments. J Gen Psychol 129:257-299, 2002.

20

捷思判斷法

立法委員的選舉結果終於塵埃落定。

如果隨機從當選者和落選者中各選一人，然後讓不知道選舉結果的人看這兩人的照片，問他們誰看起來比較可信賴，則政治人物外表上給人的信賴感和當選機率，會呈現什麼樣的關係？

❶ 看起來比較可信賴的人，當選機率較高

❷ 看起來比較不可信賴的人，當選機率較高

❸ 外表的可信賴感與當選機率無關

Answer ①

看起來比較可信賴的人，當選機率較高

選舉時，外表看起來比較可信賴的候選人，得票數也會較高。就算只給答題者短短一秒鐘的時間看照片，他們認為比較可信賴的人就是當選者的機率，也高達七十％＊1。附帶一提，就算是讓小朋友看候選人照片，問他們會選哪位，他們選的人，也正是當選的人＊2。

外表真的很重要。狀況題這個提問，其實連結到深層心理。影響答題者作答的，是稱為直觀判斷的一種罪惡的心理＊3——大腦在遇到困難問題時，會以相對簡單的其他問題的答案來取代。

「誰是好的政治家？」要客觀回答這個問題真的很困難。所以，這時候人會以「誰看起來可信賴？」這個比較簡單的問題加以替代。不過，當事人會相信「自己是在選擇好的政治家」，而沒有意識到是用其他問題來替代。

理解事物時也一樣。我們在理解初次接觸到的知識時，會將其套入自己原有的知識框架，用比較簡單的角度掌握它，然後就覺得自己明白了。事實上「直觀推論」這個單字的語源，即是希臘語的「εὑρίσκω」（我懂了！）。

不過，「以為自己懂」的這種心態，其實是種心理陷阱。比方說，假設要讓平安時代的日本人知道鱷魚是什麼生物，光是純粹說明，聽者還是無法理解沒見過的生物。這時候，運用「比喻」是很方便的方式，比如說，可以用「就像是一尾巨大的蜥蜴一樣」來解釋。如此，聽者就會使用已知的概念體驗到類似「我懂了」的感覺。

但請注意，只是用其他架構來替換認知的事物，並無法真正理解事物本身。用蜥蜴比喻鱷魚，不知道鱷魚的人就真的能了解牠是什麼樣的生物嗎？的確，聽到比喻後，會產生一種自己懂了的錯覺，而感到滿足，但也因此會讓人覺得「我已經懂了，所以沒問題」，而變得不太有求知欲，並停止思考。所以，「我懂了」的心態其實有不少弊病。

心理學效應

直觀判斷（Judgement Heuristics）

只憑特定的判斷標準去判斷整體的傾向。

1. Todorov A, Mandisodza A, Goren A, Hall CC. Inference of Competence from Faces Predict Election Outcomes. Science 308: 1623-1626, 2005.
2. Antonakis J, Dalgas O. Predicting elections: child s play ! Science 323:1183, 2009.
3. Kahneman D. Thinking, Fast and slow. Farrar, straus and giroux, 2011.

第二章

你沒有自己想的那麼聰明

——自信的心理陷阱

21

愈無知的人愈有自信

要理解幽默，必須具備一定的知識和機智。

有個研究設計了一份問卷，找來受試者為問卷上的笑話打分數。從他們給的分數，就能知道受試者是否已正確理解笑話。

填完問卷後，研究者再問受試者：「你覺得自己對幽默的理解程度，跟其他人相比，大約落在什麼位置？」

將他們的回答與問卷的結果加以對照比較，會是以下哪種情況？

❶對幽默不太有理解力的人，會給自己與實力相符的評價：「我不是懂幽默的人。」

❷對幽默不太有理解力的人，會高估自己的實力：「我是懂幽默的人。」

閉眼拼五官遊戲

Answer ②

對幽默不太有理解力的人，會高估自己的實力：「我是懂幽默的人。」

一個人的真正實力與他的自我評價，不一定會相符。

上述研究的調查結果顯示，就算得分在倒數二十五％的人，對自己也會有過高的評價，認為自己的成績是位在前四十％。

相反地，成績在前二十五％的人，卻會低估自己，以為自己的表現大概是只有前三十％。結果如左圖（第81頁）所示。從圖中可看出，有七成的人會高估自己的能力。

這種情況不只出現在對幽默的理解力上，包括邏輯能力、學習程度、運動以及其他學習等，也都能看到。

「能力愈差的人，會愈高估自己」，這種趨勢依發現者的名字命名，稱為「達克效應」*1。之所以會有此現象，是出於以下的原因。

能力差的人，正由於能力不佳，所以無法正確評估自己的程度，同樣地，也無法正確評估他人的能力。結果是，能力差的人反倒會樂觀地高估自己。

達克效應的重點是，能力差的人如果接受訓練，就能發現自己的不足、能夠自省。

也就是說，能力差的人絕對不是無能，只是單純不夠成熟罷了。

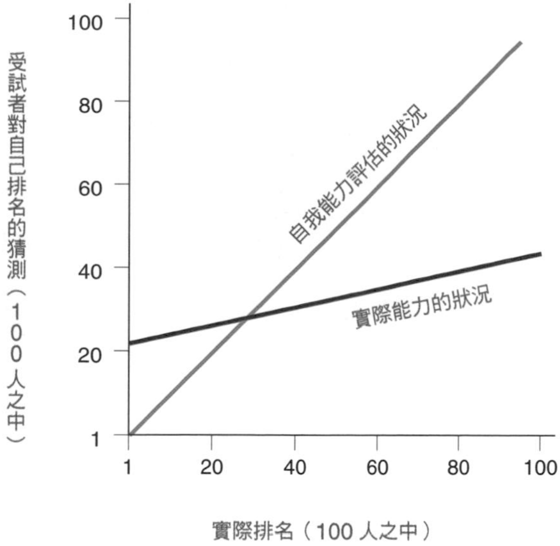

心理學效應

達克效應（Dunning–Kruger effect）

能力不佳的人，在自己欠考慮的決定基礎上會得出錯誤結論，但卻常常高估自己的能力水平，沉浸在自我營造的虛幻優勢之中，也無法客觀評價他人的能力。（此項研究於二〇〇〇年獲得搞笑諾貝爾心理學獎）

1. Kruger J, Dunning D. Unskilled and Unaware of It: How Difficulties in Recognizing One s Own Incompetence Lead to Inflated Self-Assessments. J Pers Soc Psychol 77:1121-1234, 1999.

22

我真是大善人！

請想像以下情境。

親人去世後，你忽然繼承了一大筆遺產，金額之大，你一輩子也花不完。之後，有慈善團體來請你捐款，你會捐嗎？

在這樣的假設前提下，多數人的回答都是願意捐款。

接著，請試想另一個情境：如果繼承遺產的人是你的朋友，你認為他也會願意捐款嗎？面對這個問題，一般人果然還是認為，別人也會捐款。

那麼，在回答以上哪個提問後所進行的數學測驗中，作弊的人比較多？

❶回答自己在繼承財產後會捐款的人

❷回答別人在繼承財產後會捐款的人

天使與惡魔

Answer 1

回答自己在繼承財產後會捐款

我們如果自認品德良好，那麼，在做出有違道德的事情時，大腦會有一種像是補償的機制，將有違道德的行為合理化。因此，我們在做出好的行為後，會產生一種「接下來不用做得那麼好也沒關係」的心態，因而有比較高的機率會做出違反道德的行為。

狀況題中的實驗也是如此。

回答自己會捐款的人，之後做數學測驗時如果不小心看到正確答案，光明正大作弊的比率甚至多出三十%＊1。

日常生活中，不時也能看到類似這種「善行後的愚行」。

——週末花很多時間和心力陪伴家人後，接下來的週間晚上，就會不小心喝酒喝太晚才回家。

——買了環保商品後，經常會做出比較自私的行為＊2。

——點了零熱量的碳酸飲料後，卻又忍不住點了甜點或蛋糕。

平常很會忍耐的人，突然在某個情況下會大發飆，令人吃驚，或許也是出於同樣的心態。

此外，這種現象在美國企業中也能看到。有些企業在錄用黑人女性後，也會傾向錄用非黑人的男性*3。

心理學效應

道德認證效應（Moral Credential Effect）

由於得到了某些高道德的評價或認證，而認為自己做得夠好，反而在其他面向做了相反或不好的事。

1. Brown RP, Tamborski M, Wang X, Barnes CD, Mumford MD, Connelly S, Devenport LD. Moral Credentialing and the Rationalization of Misconduct. Ethics Behav 21:1-12, 2012.
2. Mazar N, Zhong CB. Do green products make us better people? Psychol Sci 21:494-498,2010.
3. Monin B, Miller DT. Moral credentials and the expression of prejudice. J Pers Soc Psychol 81:33-43, 2001.

23

為什麼我們總相信自己是對的？

「知名推理小說家阿嘉莎．克莉絲蒂，一生寫過幾本長篇小說？」

某堂課的臨時小考出了這麼一題。多數人都不知道正確答案，只能憑推測回答，結果眾人的答案平均下來是五十一本。

至於正確解答則出乎意料地多，是六十六本。

經過一段時間後，實驗者先跟同一批人說正確答案，然後問他們：「之前你猜幾本？」

這回，眾人回答的平均值會有什麼變化？

❶ 一樣還是五十一本

❷ 比五十一本少

❸ 比五十一本多

光買不讀

Answer ③

比五十一本多

大腦很喜歡將我們自己理想化。

為了維持人格與心理狀態的穩定，人們在立場形成之後，常會傾向忽略或、否定與原先立場不一致的資訊，僅選擇接收與原先立場相同的資訊。

以這個狀況題的實驗來說，第二次回答的平均值居然增加到六十三本。這是因為受試者認為：「雖然我當時沒答對，但答案很接近正確數字」，於是依自己的想像隨心改寫了記憶。這是健忘現象的一種。

一般來說，人有一種以為「自己始終如一」的傾向＊1。比方說，養成慢跑習慣後，會誤以為自己從以前就喜歡慢跑；敢吃義大利麵後，就相信自己一直都敢吃。

大腦的運作，讓我們對自己不穩定的狀態感到厭惡，所以包括嗜好、習慣，到喜愛的球隊及歌手，還有技能、思考模式、政治及宗教信仰等，我們都會扭曲過去的記憶，認為自己始終如一。這個傾向稱為一致性偏誤。

「就像我一直以來說的……」、「你看，所以我不是說過嗎」、「我已經有多年經驗了，你要聽我說的……」——這種說法的背後，經常潛藏著這類一致性偏誤。

此外，狀況題的這個案例也經常被用來說明「後見之明偏誤」（Hindsight bias）。

（請參考第14題）

心理學效應

一致性偏誤（Consistency Bias）

誤將自己過去的意見和行為，當成現在的意見和行為——儘管事實並非如此。

1. Bartlett FC. Remembering: A study in experimental and social psychology. Cambridge University Press, 1932.

24

從此過著幸福快樂的日子？

請想一下你擁有的朋友。你想到了幾個人？

接著，請回答以下兩個問題。

問題A——你想到的朋友中，有幾個是來往十年以上的朋友？

問題B——你想到的朋友中，你覺得有幾個十年後依然會是你的朋友？

多數人的回答中，哪題答案的人數較多？

❶問題A的人數較多（來往十年以上的朋友人數較多）
❷問題B的人數較多（十年後還是朋友的人數較多）

來到終點

Answer 2

問題B的人數較多（十年後還是朋友的人數較多）

不論詢問哪個年齡層的人，他們都認為，目前是朋友，而十年後還是朋友的人數，都比目前來往十年以上的朋友人數多＊1。也就是說，大部分人都會誤以為，自己和目前的朋友關係深厚。

與自己過去的實際變化相比，大腦會低估我們將來可能產生的變化，從日常嗜好到生活習慣，都能廣泛看到這種傾向，包括喜歡的歌手、食物、興趣、休閒方式等，我們都以為不會改變。

再者，我們也相信，如誠實、友善、好奇心、外向等個性，在日後也還是一樣會維持不變。

也就是說，人有種錯覺，以為當下的一切「已經不會再改變」。這即是這種稱為「歷史終結錯覺」心態的理由。

與過去相比，要具體想像將來的自己很困難。這是因為我們是以目前的狀況來想像，所以會覺得將來也不會改變。又或者是人原本就追求穩定，因此希望自己的本質能不要改變。

例如，多數人幾乎無法想像自己三年後罹癌的可能性，但實際上，三年後罹癌的可能性，比我們認為事不干己的結果大得多（六十歲前罹癌的機率，男性為八%，女性為十一%）＊2。

心理學效應

歷史終結錯覺（End of History Illusion）

不管在哪個年齡階段，人們總是傾向於認為過去的經歷已經將他們塑造成為現在的模樣，並且是最終的結果，再也不會改變。

1. Quoidbach J, Gilbert DT, Wilson TD. The end of history illusion. Science 339:96-98, 2013.
2. Katanoda K, Hori M, Matsuda T, Shibata A, Nishino Y, Hattori M, Soda M, Ioka A, Sobue T, Nishimoto H. An updated report on the trends in cancer incidence and mortality in Japan, 1958-2013. Jpn J Clin Oncol 45:390-401, 2015.

25

自我防衛的心理機制

暑假期間，學校安排了一個月的輔導課。在課程開始前，校方先請學生為自己的能力打分數（第一次評分）。

課程結束後，再請學生回想自己上輔導課前的狀況，並為自己那時的能力打分數（第二次評分）。

兩次評分中，學生哪一次給的分數較高？

❶ 上輔導課前的給分較高

❷ 上完輔導課，回想自己之前的能力時的給分較高

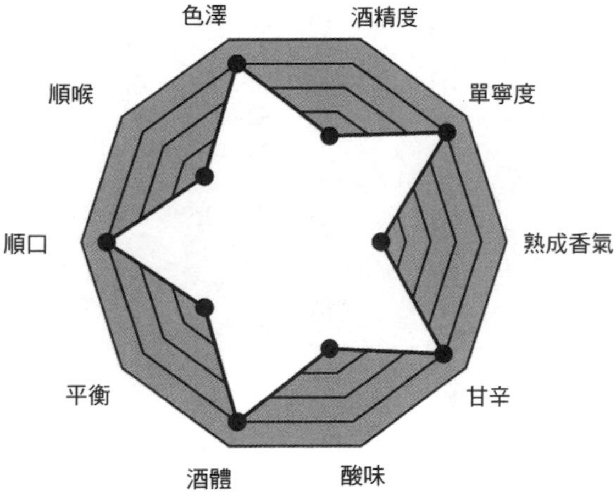

我正值適飲期嗎？

Answer 1

上輔導課前的給分較高

大腦的運作，會讓我們把過去的自己想得比實際狀況更差*1。

尤其是狀況題這種會讓人預設「上輔導課能提升學習能力」的情境，學生會為了認定輔導課有效而扭曲記憶，以至於低估自己過去的能力，並高估現在的能力。

大腦就是會如此合理化我們的努力，不讓它白費。說起來，這是一種心理上的自我防衛。

「我學生時代都在玩」、「我年輕時都在做蠢事」，不少人會把這種沒什麼好得意的事拿來說嘴。甚至有人會說：「我以前是不良少年／少女」。但事實上，其中不少人以前並沒有像他們自己說的那麼壞。

心理學效應

變化偏誤（Change Bias）

將過去的自己想得比實際差的傾向，以合理化自己為改善所做的努力。

1. Conway M, Ross M. Getting what you want by revising what you had. J Pers Soc Psychol 47:738, 1984.

26

同溫層效應

期待已久的遠足即將到來，不知道那天會是什麼天氣。

請問，你是以下哪種人呢？

❶ 我出門一定是晴天

❷ 我出門一定是雨天

❸ 以上皆非

Answer ③

因人而異（正確答案是③）

我都說自己是「雨男」，因為，翻開學生時代的相簿會發現，我去旅行時多半會遇到下雨。當然，就算我沒去，那些地方那天應該本來就是會下雨。所謂「雨男」的說法不過是迷信。

不過，大腦的判斷有點複雜，它會特別重視跟我們的假設或信念一致的事例。比方說，很多人看血型占卜或動物占卜時，都會莫名地深有同感，認為：「對耶，對耶，我就是這樣」，這也是出於此效應。這種效應若擴大至整個社會，就會產生各種迷信。

結果，人會只看符合自己想法的部分，只要與信念一致，我們就會更相信。相反地，與信念不同時，我們會覺得那是例外而忽視[*1]。

像是以下這些刻板印象（但沒有一個是正確的）：

——鄉下人比較親切。

——滿月的夜晚，出生率比較高。

——在黑暗中看書，眼睛會變差。

社會的一般共識很難修正，但我們不可忽視大腦這種以先入為主觀看世界的習性，因為如果發展成將人事物區分類型、貼標籤的狀況，如：「B型人就是這樣！」、「女人果然就是怎麼樣」、「反正黑人就是如何如何」，就會產生偏見與歧視。

這種大腦的習性，甚至也會在警察辦案及處理證據，又或是學者做實驗等專業領域中，造成問題。

網路上雖然有各種資訊和意見，但事實上，我們會傾向去讀跟自己信念一致的內容[*2]。再者，在社群網站上，我們也會加入跟自己同類型的人，所以在此機制下，本來就比較容易看到自己喜歡的內容。而且，近來網路瀏覽器還會依據使用者過去瀏覽的頁面，自動將使用者感興趣的網站排序提前，以至於更助長個人確認其信念。

心理學效應

確認偏誤（Confirmation Bias）

人們都會傾向於尋找能支持自己理論或假設的證據，對於不能支持自己理論或假設的證據，則會被忽略。

1. Nickerson RS. Confirmation bias: A ubiquitous phenomenon in many guises. Rev Gen Psychol 2:175-220, 1998.
2. Bakshy E, Messing S, Adamic LA. Exposure to ideologically diverse news and opinion on Facebook. Science 348:1130-1132, 2015.

27 我真的好棒棒！

你為人處事公平嗎？

當然，人很難一直保持公平，有時我們會偏袒特定對象，有時也會遷怒他人，但人性就是如此。

另一方面，這世界充滿不合理的事，自由和平等只是口號，歧視、霸凌、貪汙、詐欺等醜惡的事永遠都在發生。

在此濁世中，你覺得自己與一般人相比，有沒有比較公平？

以此問題調查受訪者，請問，回答下列哪個選項的人較多？

❶ 我比一般人公平

❷ 我比一般人不公平

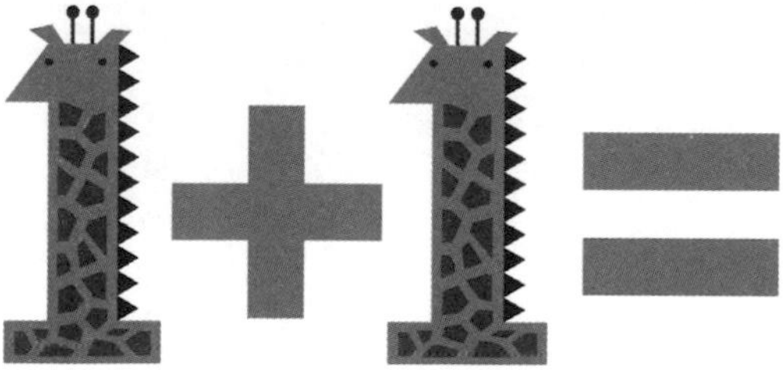

我啊……

Answer ①

我比一般人公平

幾乎所有人的回答都是①，也就是說，沒有人會覺得自己不公平。這種現象稱為「高人一等效應」。

我們常常覺得自己比別人優秀、比別人幸運、開車技術比別人好、比別人更會投資。

以下例子也是出於這種想法。

——六十九%的司機認為，自己開車的技術優於司機的平均表現＊1。

——七十%的高中生覺得，自己的指導能力優於同年級學生的平均表現＊2。

——九十四%的大學教授認為，自己比其他教授優秀＊3。

不論哪個回答，都不符合「平均值」的定義。

人不只是無法正確評斷自己，還會誤以為自己高人一等，這點還蠻可愛。

雖然如果人們都有高人一等的感覺，就能有自信面對艱鉅的挑戰，而且會持續努力不懈。

不過，這種傾向也須注意。正因每個人都覺得自己公平，這社會才會一直存在著歧視與霸凌。

心理學效應

高人一等效應（Better Than Average Effect）

人們通常會過於正面評估自己、自我膨脹，認為自己比身邊的人更厲害、更能幹，而忽略自身的缺失。

1. Svenson O. Are we all less risky and more skillful than our fellow drivers? Acta Psychol 47:143-148, 1981.
2. Alicke MD, Govorun O. The better-than-average effect. In Alicke MD, Dunning DA, Krueger JI, ed,. The Self in Social Judgment. Psychology Press 86-106, 2005.
3. Cross KP. Not can, but will college teaching be improved? New Directions Higher Educ 17:1-15, 1977.

28

簡單易懂才是王道

相較於駱駝，長頸鹿更能在長時間不喝水的情況下生存。這是真的。

有個實驗找來兩位美國人，對受試者說明這個事實。其中一位美國人的母語就是英語，另一位的母語則是其他語言。

請問，哪個人說的話能較被信服？

❶ 以母語英語說明的人

❷ 以不流暢的英語說明的人

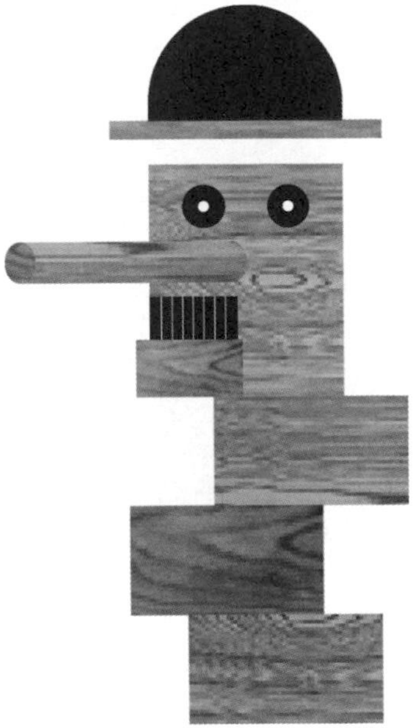

你能用英語說明此算式嗎？

Answer ❶

以母語英語說明的人

在為談話內容可信度打分數的實驗中，用流利英語說明的得分，比用坑坑巴巴英語說明的得分高了十％以上＊1。

這是因為非母語的英文比較難聽懂。要拓展海外生意時，若以不流利的英語溝通，通常要費很大力氣才能取得對方信任。

一般來說，大腦喜歡簡單的事物，所以，光是內容比較簡單這件事，就會讓人有種「它是正確」的錯覺＊2。

以我們比較難讀的語言所書寫的內容，會讓我們覺得內容本身就比較難＊3。此外，企業名稱如果容易發音，在企業公開發行股票時，就會有較多人願意投資＊4。

這種傾向，跟我們覺得容易回想起來的事情是正確的（狀況題23），或是以為聽過好幾次的事就是正確的（狀況題40）情況一樣，都是典型的真實性錯覺，會在大腦做判斷時造成妨礙。

有些人因為對自己的知識和學問深感自豪，會刻意使用困難的詞彙和表現方式來掉書袋，但這麼做並沒什麼用處。以清楚易懂的說明，比擺出這種高傲姿態的人更容易成為贏家。

心理學效應

認知流暢度（Processing Fluency）

大腦思考過程暢順與否，會影響人的判斷與好惡。如果某個說法讓人感覺流暢且易於理解，人們就會自然而然希望此事屬實。

1. Lev-Ari S, Keysar B. Why don't we believe non-native speakers? The influence of accent on credibility. J Exp Soc Psychol 46:1093-1096, 2010.
2. Bennett D. Easy=True. The Boston Globe, January 31,2010.
3. Reber R, Schwarz N. Effects of perceptual fluency on judgments of truth. Consci Cog 8:338-342, 1999.
4. Alter AL, Oppenheimer DM. Predicting short-term stock fluctuations by using processing fluency. Proc Natl Acad Sci USA 103:9369-9372, 2006.

29

小偷家遭小偷是罪有應得？

你家附近住了一個慣竊。

最近你聽說，他外出時，自己家也遭小偷入侵。

在此情況下，多數人有什麼感覺？

❶ 惡有惡報

❷ 真倒霉

Answer ❶

惡有惡報

這世界沒有道理可言，有時候，沒有明確的理由，不幸也會突然降臨。但我們心理上很難接受這種毫無道理及根據之事。因為，人是需要故事的生物。

我們的大腦很喜歡因果報應的概念，執著於善有善報、惡有惡報這種勸善懲惡的幻想中＊1。

——旅行時天氣很好，是因為自己平常為人不錯。

——發生車禍，是因為自己大年初一沒去拜拜。

——生病是由於喝酒造成的。

如同上述的例子，不論成功或失敗，我們都會歸因於自己做了什麼或沒做什麼。

一般來說，這種相信因果循環的心態，會帶來促成善行的良好效應。

不過，偶然遭逢意外或不幸的被害者就會覺得，「我會遇到這種事，一定有理由」，他們會想找出理由，也會將不幸合理化。例如，「穿那麼短的裙子，會遇到色狼是理所當然」，這種想法就是一例。這種現象稱為「責怪受害者」（victim blaming），有時候也是形成歧視的原因。

心理學效應

公平世界假說（Just-world Hypothesis）

人們多半認為自己生活在公平的世界，好事會降臨在好人身上，壞事也只會發生在壞人身上，如果有不幸的事發生在對方身上，就表示對方一定是不好的人。

1. Furnham A. Belief in a just world: research progress over the past decade. Pers Indiv Diff 34:795-817, 2003.

30 人性中的傲慢與偏見

在第21題中，知道「能力愈差的人，愈會高估自己」的事實後，多數人會有什麼反應？

❶ 對、對，的確有這種人！

❷ 難不成我也是這種人？

鏡子啊，鏡子……

Answer ❶

對、對，的確有這種人！

在捷運和公車上，常見到有些思慮不周的人，不懂讓位給老人。不過，當事人會因為自己思慮不周而遺憾嗎？一定不會吧，他們就是沒意識到，眼前的老人正因沒位子坐而困擾（如果明明發現卻不讓座，那就不是思慮不周，而是心地不好了）。

這種人正是由於察覺不到什麼狀態會造成問題，所以才說他們思慮不周。只要他們想事情的方式不變，就無法了解自己是如何思慮不周。

另一方面，如果自己注意到的事，別人卻沒察覺，很多人就會生氣：「我想得這麼周全，為什麼他做不到！」

正如我們能看到別人的臉，卻看不到自己的一樣，我們能察覺別人的缺點（認知偏誤），卻無法發現自己的。因此，人經常覺得自己行事公平且正確，但別人卻目光短淺且充滿偏見，這稱為「偏見盲點」＊1。

人對自己「毫無自覺」一事全然沒有自覺。對我們來說，最主要的他者，其實就是自己。

當你因為別人而發怒時，請一定要想到，自己也非十全十美。不，事實上，天底下沒有任何人是完美的，每個人都有心理盲點。所以，讓你發怒的人也一樣不完美，你有必要為此發怒嗎？不過只是理當發生的狀況發生罷了。只要這麼想，或許就能消氣。

心理學效應

偏見盲點（Bias Blind Spot）

認為自己比其他人更能辨識認知偏誤，也較不易受影響。

1. Pronin E, Lin DY, Ross L. The bias blind spot: Perceptions of bias in self versus others. Pers Soc Psychol Bull 28:369-381, 2002.

31

愛情重要，還是麵包重要？

「愛情跟麵包，哪個力量比較強大？」

有項街頭市調以此為題，下列哪個提問，會讓過半數的人表示：「我同意」？

❶ 自古以來，大家都說「愛情比麵包重要」，你同意嗎？

❷ 自古以來，大家都說「麵包比愛情重要」，你同意嗎？

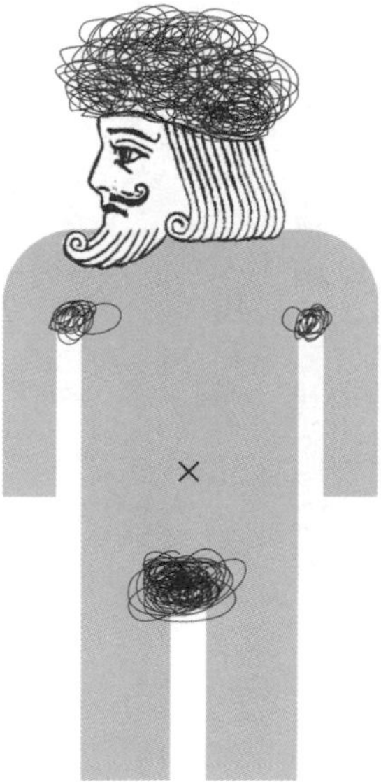

沒人知道標準答案

Answer ❶

①和②都有過半數的人表示認同

我們評價一個人，通常會根據他最近的談話和行為；而評價一家餐廳時，則會根據最近去用餐時吃到的餐點，對吧？因為愈是發生不久的事，我們記得愈是清楚。

大腦的判斷，會受這種容易回想的程度所影響。大腦相信，既然能這麼快就想到實例，表示狀況應該就是如此。在此案例中，不論哪個提問，都會讓人覺得「對，是有人這麼說」、「確實有人說過」，也能馬上想到具體實例。因此，不管哪個提問，都很容易讓人產生認同感。

如同上述例子一樣，有很多矛盾並存的諺語，也是因為這個原因。例如：

——有二就有三 vs. 事不過三

——人間處處有溫情 vs. 防人之心不可無

當然，容易想到例子，並不一定就表示是正確的。

比方說，如果被問到「R為字首的英文單字」，或「R為字首的三個字母的單字」，哪個比較多，多數人會認為是前者，因為比較容易想到例子，但事實上是後者比較多＊1。

心理學效應

可利用性法則（Availability Heuristic）

人們認為，如果是自己很熟悉或很快就能聯想到的東西，應該就是比較重要的東西。

1. Tversky A, Kahneman D. Availability: A heuristic for judging frequency and probability. Cog Psychol 5:677-695, 1973.

32 這樣想比較好過

請在腦中想一個1到10以內的數字。
如果你想的數字是偶數，就能獲得五百日圓。
好，請回答你想到的數字是什麼？
或許有人原本想的數字是奇數，卻會撒謊，說是偶數。
在此狀況下，以下哪種說法比較能避免說謊？

❶ 請不要說謊
❷ 請不要當個騙子

脫不掉的面具

Answer ②

請不要當個騙子

這個現象是從犯罪心理學的研究得出。

罪犯之所以犯罪，很少是出自喜好，一般都是由於一步錯、步步錯，想停也停不下來。

這種時候，他們會告訴自己：「我其實是好人，但這次狀況特別。」也就是說，他們會將自己「原本的人格」和「實際的行為」切割開來。

回到本題的提問。選項①是否定行為，選項②是否定人格。相較之下，我們的大腦比較抗拒人格遭受否定，而非「一次的過錯」受到否定。

根據實驗，若以選項①的說法提醒受試者，大約有三十%的人會承認說謊；但若以選項②的說法提醒，則幾乎沒人會說謊*1。

選舉也一樣，教導選民「做一個稱職的選民」，比起說「投票很重要」更能提升投票率*2。

這個原理應該也能應用於其他很多狀況。

例如，說「不要當個懶惰蟲」比「不要懶惰」有用，說「請當個能理解我的人」比「請理解我的狀況」有用，說「不要當個愛哭鬼」比「不要哭」有效。

心理學效應

個人認同效應（Personal Identity Effect）

我們傾向採取維持自己個性的行為。

1. Bryan CJ, Adams GS, Monin B. When cheating would make you a cheater: Implicating the self prevents unethical behavior. J Exp Psychol Gen 142:1001-1005, 2013.
2. Bryan CJ, Walton GM, Rogers T, Dweck CS. Motivating voter turnout by invoking the self. Proc Natl Acad Sci USA 108:12653-12656, 2011.

33

內心的暴雨

突然下起雨來。

你看向公司的傘架，發現自己平常放在裡頭的塑膠傘不見了。

多數人遇到這種狀況，會怎麼想？

❶ 有人拿走我的傘吧

❷ 我是不是忘記放在哪裡了

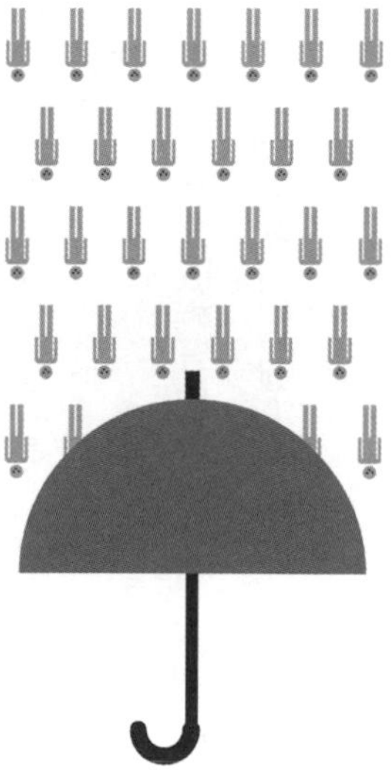

疑神疑鬼

Answer ①

有人拿走我的傘吧

認為責任不在自己，而是他人，會比較沒壓力。因此，多數人應該會直覺認為，是別人偷走傘，而不是先想到可能是自己放在別的地方但忘了。

大腦的機制，會讓我們將成功解釋為自己的功勞，將失敗視為他人的過錯，或不可抗力的結果＊1。簡而言之，就是成功都是因為自己，失敗都是因為別人。

看以下這些例子，應當許多人也會有同感吧＊2。

——別人不做是怠惰；

自己不做是因為太忙。

——別人升官是好運；

自己升官是因為努力。

——別人做一件事得花很長的時間，是不得要領；

自己做一件事得花很長的時間，是因為仔細。

——別人得到上司厚愛，是因為會拍馬屁；
自己得到上司厚愛，是因為配合度高。
——別人工作沒做好，是沒有才能；
自己工作沒做好，是因為上司是笨蛋。
——別人考試考差，是不夠努力；
自己考試考差，是題目太難。
——別人做沒人交代要做的事，是干涉太多；
自己做沒人交代要做的事，是態度積極。

為了維護自尊心，我們的大腦會不知不覺扭曲其認知或知覺的歷程，創造出讓個人感覺良好的理由。

——本書風評不佳，是讀者缺乏理解力；
本書獲得好評，是作者有見識。
（抱歉，開玩笑的啦，其實是要感謝出版社和書店）

心理學效應

自利偏誤（Self-serving Bias）

人類的一種歸因傾向。在歸因自己行為時會格外寬厚，當自己表現好時會歸功於個人性格因素；自己表現差時會歸咎於外在環境因素。

1. Miller DT, Ross M. Self-serving biases in the attribution of causality: Fact or fiction? Psychol Bull 82:213-225, 1975.
2. Maxwell JC. Be a People Person, Cook Communications, Chariot-Victor Books, 1989.

34

我當然比別人厲害

問題1：你有多正確了解自己怕生的程度？

問題2：朋友有多正確了解你怕生的程度？

問題3：你那位朋友有多正確了解他怕生的程度？

問題4：你有多正確了解朋友怕生的程度？

有項調查用以上四個問題，請受試者為自己和朋友的理解程度打分數。

以下兩個選項，何者得分較高？

❶ 朋友了解你的程度（問題2的分數）

❷ 自己了解朋友的程度（問題4的分數）

Answer ②

自己了解朋友的程度（問題4的分數）

調查結果顯示，一般人認為自己正確了解朋友的程度，會比朋友正確了解自己的程度高＊1。問題4的分數甚至比問題2的分數高了十%。

有趣的是，一般人認為自己了解自己的程度（問題1的分數），也比朋友了解他自身的程度（問題3的分數）高出十%。

也就是說，多數人認為自己的理解力比他人好。

一般而言，大腦的運作會讓我們對於不了解的事物，有低估其能力或嚴重程度的傾向。比方說，輕忽將來災害發生危險的可能性，因而疏於準備，又或是輕視商業對手的潛力。

評量他人能力時也一樣。我們不清楚別人在想什麼，因此低估這種自己看不到的能力，以至於太小看他人的理解力。

這種狀況嚴重時，會讓人產生錯覺，以為周遭的人都不了解自己，但自己卻很了解他人。例如：

——我這麼在乎他，他卻無法回報我同等的愛情。

——我這麼用心仔細打掃，但卻沒人發現。

——我這麼努力工作卻無法升職，是因為主管不了解我。

心理學效應

認知不對稱錯覺（Illusion of Asymmetric Insight）

對自己產生過度的自信，認為自己比其他人懂得更多，或是對自己的行為、對自身的了解，與別人相比都更強大、更清晰。

1. Pronin E, Kruger J, Savitsky K, Ross L. You don t know me, but I know you: the illusion of asymmetric insight. J Pers Soc Psychol 81:639-656, 2001.

35

嚴以律人，寬以待己

有個男學生跟別人有約時絕不遲到，非常守時。

下列敘述中，多數人會認為他符合哪一個？

❶ 上課出席率高，房間打掃得很乾淨

❷ 時常蹺課，房間一團亂

❸ 以上皆非

Answer ①

上課出席率高，房間打掃得很乾淨（正確答案應該是③）

我們的大腦傾向認為，別人的言行舉止反應出他們的個性。所以，我們會自然以為，守時就代表個性認真，有規矩且守本分。

不過，調查許多學生後發現，守時與否，和上課出席率及房間整潔度沒有關係＊1。也就是說，這個狀況題就事實來看，正確答案應該是③。

然而，我們非常習慣這種判斷方式，就算別人的行為明顯是受外在因素影響，我們還是會傾向將行為與個性連結，認為對方就是某種人，才會表現出那種言行。

比方說，就算有人在不可抗力之下打破花瓶，我們也深明真正的原因，但還是會覺得對方是粗心的人。

不可思議的是，如果我們自己打破花瓶，卻不會覺得是自己不小心，而會推諉責任，像是：「都是因為花瓶擺在桌子邊邊。」

也就是說，我們傾向將他人的言行歸因於他們本身；但另一方面，又將自己的言行歸因於外在因素＊2。最典型的例

子是：自己成功是因為自己努力，別人成功是因為那個人幸運；別人失敗是因為那個人不夠努力，自己失敗則是因為自己倒霉。

心理學效應

基本歸因謬誤（Fundamental Attribution Error）

人在解釋別人的行為原因時，有時傾向歸因於個人內在特質（一定是他有這樣的人格，才做出這樣的行為），而非外在情境因素（也許是情勢所迫，或這個場所有特殊的潛規則）。

1. Mischel W, Peake PK. Beyond deja vu in the search for cross-situational consistency. Psychol Rev 89:730-755, 1982.
2. Jones EE, Nisbett RE. The actor and the observer: Divergent perceptions of the causes of behavior. General Learning Press, 1971.

36

好想要！剁手也要買

你前陣子在百貨公司看到一只名牌包後，念念不忘，後來又去看了一次。

在此情況下，多數人的心情會有什麼轉變？

❶ 雖然很想要，但現在要忍耐！

❷ 我果然真的很想要，不管了，買吧！

買，或是不買呢？

Answer 2

我果然真的很想要，不管了，買吧！

大腦的運作，讓我們無法去同理將來的自己＊1。冷靜時，我們無法想像自己激動時會做出什麼行為；反之，生氣或情緒激昂時，也無法想像自己冷靜時會怎麼想。

在此狀況題中，如果是想省錢的人，根本就不會去看名牌包，因為愈看會愈想要。人在冷靜時，很難想像非常想要一個事物時的衝動心情。

——年輕男生常會假想情境：「要是我跟別人打起來，就是要冷靜朝對方的身體弱點給予一擊，扳倒對方」，但事實上，幾乎沒人能在實際打鬥時冷靜以對。

——多數人很難具體想像富裕老年生活的愉快，和貧困老年生活的悲哀，因此容易輕忽儲蓄。

——跟朋友在嘻鬧時決定的懲罰遊戲，一旦真的要執行時，多數人都會裹足不前。

——投資的人常會誤以為，就算市場出現亂象，自己也能冷靜面對。

——人們冷靜時，很難想像性衝動時的自己＊2。

同樣的，我們也很難去同理他人的感覺。

——對高爾夫球沒興趣的人，無法理解高爾夫球愛好者的心情。

——不在熱戀狀態中的人，很難想像朋友熱戀中的心情。

心理學效應

同理心差距（Empathy Gap）

在處於無法預測的情緒緊張時，就無法從情緒跟自己不同的他人（或自己）的角度思考。

1. Loewenstein G. Hot-cold empathy gaps and medical decision making. Health Psychol 28:S49-S56, 2005.
2. Ariely D, Loewenstein G. The heat of the moment: The effect of sexual arousal on sexual decision making. J Behav Decis Mak 19:87-98, 2006.

37

這種事不會發生在我身上

聽到火災警報器響起，多數人有什麼反應？

❶ 是誤報吧？再觀察一下情況

❷ 發生火災了！快逃！

迫切的危機

Answer ❶

是誤報吧？再觀察一下情況

大腦傾向從樂觀的角度來解讀警告，因而低估可能發生的災害＊1。

比方說，就算周遭的人提出警告：「跟那種人結婚，你會後悔一輩子」，一般人當下還是無法判斷將來可能發生的悲劇。

尤其是面對未曾經歷過的危機或災害時，我們會判斷「過去沒發生的災害，這次也不會發生」，而疏於準備或因應。這種現象不只發生在個人身上，公司或政府做決策時也會發生，結果也可能導致狀況惡化＊2。

在野生動物的世界中，動物發現敵人時，採取不逃跑、在原地靜止不動的策略，也可能因此不讓敵人發現而逃過攻擊。人類雖然已經進化，但大腦應該是仍將這種「不回應」的策略，當作面臨生存競爭時的一種良策吧＊3。

心理學效應

正常化偏誤（Normalcy Bias）

根據自身過去的經驗瞭解情況，低估大災難的可能性及其影響。

黑天鵝理論（Black Swan Theory）

看似極不可能發生的重大事件，但實際上卻真的發生了。

1. Okabe K, Mikami S. A study on the socio-psychological effect of a false warning of the Tokai earthquake in Japan. Tenth World Congress of Sociology, Mexico City , Mexico, August, 1982.
2. Taleb NN. The black swan: the impact of the highly improbable fragility. Random House, 2010.
3.Amanda R. How to get our alive. TIME Magazine, 25 April 2005.

38

這麼簡單的東西你也不會？

你腦中迴盪著一首曲子的旋律，那是人人都知道的名曲。你愉快配合著旋律，以指尖輕敲桌面。

周圍的人都盯著你的動作，想猜出曲名。

跟你身處相同情況時，多數人會有什麼預期心理？

❶ 應該有人能從我敲打的旋律猜出曲名吧

❷ 沒人猜得出我腦海中的曲子吧

Answer ❶

應該有人能從我敲打的旋律猜出曲名吧（正確答案是②）

請閱讀左頁下方的英文。這兩個句子使用的是Electroharmonix＊1這種特別的字體，但確實是以英文書寫的文字。

以英語為母語的人能順利判讀這兩個句子，但由於其中有些字的字體很像日文，日本人要判讀反而比較困難。也就是說，對日本人而言，日語的知識形成一種阻礙，剝奪了他們閱讀這些文句的能力。

知識會扭曲判斷，這個狀況題也是相同情況。在此實驗中，以手指敲打出旋律的人，期待有半數以上的旁觀者能猜中曲名，但實際猜對的人僅有二・五％＊2。

大腦的運作，讓我們一旦知道某件事後，就難以想像未知者的立場，以至於我們會傾向期待別人也知道我們知道的事。

——精通電腦的人，無法理解不擅長的人為何拿電腦完全沒轍。

——掌握許多資訊的人，很難推測不知道資訊的人會做出什麼判斷。

——很熟悉自家商品的業務員，無法想像第一次看到商品的人有何感覺＊3。

不論是多麼微不足道的工作，對完全一竅不通的初學者來說都會很困難。同時，要已經熟練的人正確回想起自己當初還不熟悉、不太懂時的狀況，一樣也很難。

「你連這種事都不會！」、「你的理解能力怎麼這麼差！」上司會這樣責罵下屬，是從自己很熟悉工作的立場來看待對方。但事實上，會發生這種狀況，幾乎都是上司教導無方。

心理學效應

知識的詛咒（Curse of Knowledge）

當一個人知道了某種知識之後，就無法想像不具有這種知識的人是怎麼想的。

WHAT'S WRITTEN?

何と書いてありますか？

譯：你寫了什麼？

JAPANESE CANNOT READ THIS FONT

日本人はこのフォントが読めません

譯：日本人無法判讀這種字體

1. http://www.dafont.com/electroharmonix.font
2. Ross L, Ward A. Naive realism in everyday life: Implications for social conflict and misunderstanding. In Brown T, Reed ES, Turiel E（Eds.）. Values and knowledge. Hillsdale, NJ: Erlbaum, 1996.
3. Colin C, Loewenstein G, Weber M. The curse of knowledge in economic settings: An experimental analysis. J Pol Eco 97: 1232-1254, 1989.

39

非我族類的偏見與歧視

今天是學校運動會，身為老師的你，在場邊為班上參加拔河比賽的同學加油。你班上的二十位學生與另一班的二十位學生，分別拉住繩子兩端。好，比賽即將開始。

若跟你身處相同的情境，多數人在觀看比賽時會有什麼感覺？

❶ 自己班的學生看起來個性比較多元，各種類型的人都有

❷ 另一班的學生看起來個性比較多元，各種類型的人都有

Answer ❶

自己班的學生看起來個性比較多元，各種類型的人都有

你還是學生時，是不是曾覺得別班的人或其他學校的學生，感覺比較沒個性，比較平凡？

但這也表示，別人看你們其實也有相同的感覺。其他團體的人，也一定覺得你所屬的團體，色彩沒那麼鮮明。這是因為大腦的運作，會讓我們相信自己所在的團體，比較有個性且多元＊1。

有人可能會認為，這是因為我們熟悉同伴，所以能察覺他們個性上的差異，但這種想法並不正確＊2。就算將自己很熟悉的同伴隨機分成兩組，我們還是會覺得自己所屬的團體個性比較多元。

這種將其他團體成員均一化的習性，可能導致我們看輕競爭團隊的能力或其戰略的豐富性，結果導致慘敗，或是形成一些先入為主的看法，例如：「中國人就是比較沒道德」、「東大畢業生就是只會說理，不會做事」

等。所以，絕對不可忘記，就算某個團體的成員看起來很像，但事實上，其中一定有許多人並不符合我們的偏見。

心理學效應

外團體同質性偏誤（Out-group Homogeneity Bias）

認為自己所屬的團體比較有個性、多元化，其他班級或其他隊伍則沒個性且平凡。

1. Park B, Rothbart M. Perception of out-group homogeneity and levels of social categorization. J Pers Soc Psychol 42:1051-1068, 1982.
2. Linville PW. Perceived distributions of the characteristics of in-group and out-group members: Empirical evidence and a computer simulation. J Pers Soc Psychol 57:165-188, 1989.

40

給自己找台階下

有運動選手在重要比賽前，腳突然受傷，雖然離做好萬全準備的狀態差得遠，但似乎還是能勉強出賽。

這種時候，多數運動選手會怎麼做？

❶ 告訴別人自己受傷，然後參加比賽

❷ 隱瞞受傷的事實，參加比賽

狀況很明顯……

Answer 2

隱瞞受傷的事實，參加比賽

將運動選手隱瞞傷勢參賽的行為，解讀為「具有運動精神」，或許是太輕率的結論。因為負傷參賽後，選手一定會說：「事實上，我的身體並不是處於最佳狀態……」。

「事後說出真相」的這一點對選手會比較有利。因為，比賽要是輸了，別人會覺得「他隱忍受傷的事不說，一定很辛苦」，而寄予同情；要是贏了，別人會認為「儘管狀況對他不利，他還是贏了」，而給予讚美。也就是說，不管比賽結果如何，選手的自尊心都能獲得滿足。

明明該準備考試，卻忍不住開始打掃房間，整理桌子，藉此逃避現實；或是剛好相反，平常不努力，等考試前一天才熬夜準備，結果隔天應試時精神不濟。這類行為都是想為將來的自己留個餘地。只不過，這並不是類似受傷這種不得已的狀況，而是預先設計出阻礙成功的情境，好幫將來的自己找台階下。

要是用功準備，成績還是不理想，就必須承認自己能力不足，因此有的人會先製造理由，設計出一個無法盡全力的狀況。只要是因為外在的理由，考差時就能轉嫁責任；

相反的，要是考試成績不錯，還能以自己克服不利狀態的角度來詮釋，而滿足自尊。

這種為擺脫責任的自導自演，稱為「自我設限」＊1，目的是為了避免直接面對自己能力不足的事實。話雖如此，要是為了保護自己，反倒無法發揮真正實力，就未免太可惜。

心理學效應

自我設障（Self-handicapping）

故意為自己在成功或失敗前設置一些障礙，讓自身陷於不利的情境，這樣無論成功或失敗都可以找藉口原諒自己。

1. Berglas S, Jones EE. Drug Choice as a Self-Handicapping Strategy in Response to Noncontingent Success. J Pers Soc Psychol 36:405-417, 1978.

第三章

小心！這是大腦設下的陷阱

——思考的心理陷阱

41

只有喵星人喜歡不勞而獲

養寵物鼠，一般是在盤子內放一些飼料，讓寵物鼠想吃就能吃。

不過，就算是換成壓下桿子才會掉出飼料的餵食器，寵物鼠也能馬上學會，自己去壓桿子吃飼料。

那麼，如果在籠子內同時放入裝有飼料的盤子，以及得壓下桿子才吃得到飼料的餵食器，而且兩邊的飼料相同，多數寵物鼠會選擇吃哪一邊的飼料？

❶ 裝在盤子裡的飼料

❷ 壓下桿子才吃得到的飼料

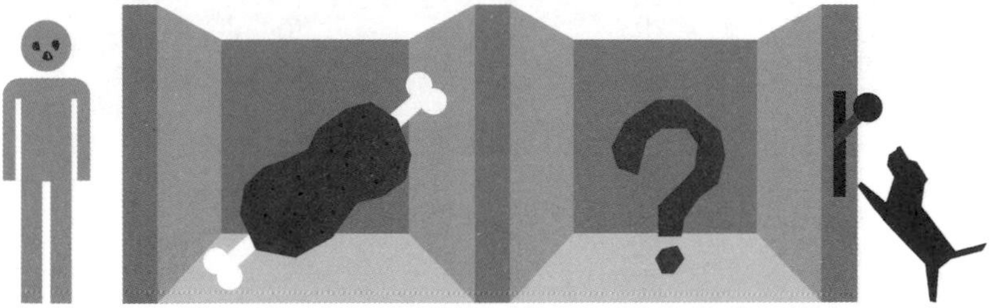

選哪一邊？

Answer 2

壓下桿子才吃得到的飼料

不可思議的是，儘管寵物鼠想吃盤子內的飼料就能吃，卻會刻意去壓桿子＊1。這是因為，比起毫不費力就能得到的飼料，自己花力氣才吃得到才比較有價值吧。

事實上，這種現象在狗和猴子身上也看得到，不只如此，連鳥和魚也是。這種絕大多數動物傾向經由勞動來獲取食物的現象，稱為「反不勞而獲效應」。

人類也不例外。以學齡前幼兒為對象，施行同樣的實驗，結果幾乎百分之百的幼兒都會去壓桿子＊2。隨著年齡增長，同樣實驗中會壓桿子取食的比率雖然下降，但即使是大學生也有五十％。也就是說，人並不是完全只追求利益。

大腦這種習性與「勞動價值」有關。任何人都嚮往過悠哉閒適的生活，但要是真的美夢成真，如願過著這種生活，真的會感到幸福嗎？

不少人一旦退休，沒了工作，反倒閒得發慌，累積不少壓力，面臨所謂的「退休症候群」。這顯示工作所賺來的報酬，和不必勞動就能領取的年金，即使是同樣一塊錢，價值也不同。

附帶一提，在過去的調查中，唯一沒有出現「反不勞而獲效應」的動物是貓。貓是徹底現實主義的動物，不會花力氣去壓桿子。

心理學效應

反不勞而獲效應（Contrafreeloading Effect）

比起不勞而獲，更喜好勞動後得到應有報酬的傾向。

1. Lazarus J. Free food or earned food ? a review and fuzzy model of contrafreeloading. Anim Behav 53:1171-1191, 1997.
2. Tarte RD. Contrafreeloading in humans. Psychol Rep 49:859-866, 1981.

42

為什麼離你家愈遠的餐廳，感覺上愈好吃？

有兩家餐廳，一家就在自己家旁邊，一家開車去大約要十五分鐘。

如果問受試者，哪家餐廳的餐點好吃，回答下列哪個選項的人較多？文，受試者並不知道這兩家餐廳其實是連鎖店，也提供一樣的餐點。

❶ 一樣好吃

❷ 住家附近的餐廳比較好吃

❸ 遠一點的那家餐廳比較好吃

Answer 3

遠一點的那家餐廳比較好吃

大腦會根據我們採取的行動，推測我們的心理狀況。在此狀況題中，大腦會認為，「要特地跑那麼遠去吃，可見那家餐廳的料理應該比較美味」，而將個人的努力合理化。

這種現象在日常生活中很常見。

比方說，我們不一定覺得薪水高的工作比較好。因為，我們潛意識中會做如下的推測，讓心態改變，好自我說服更喜愛自己的工作＊1。例如：「我的工作薪水不高」↓「要是我討厭這份工作的話，拿這種低薪，應該沒辦法努力工作才是」↓「原來如此！我是因為覺得這個工作有趣，所以才能繼續做下去」。

——自己花錢買的東西，會比免費取得或借來的，更能帶來樂趣。

——我們會對自己經過嚴格考試才得以進入的組織，產生依戀感。

——經過一番努力還是得不到的東西，我們會告訴自己，其實不是那麼想要，以降低對它的評價。

——已經讀到第一一九頁的本書讀者，對此書的評價也會提高，因為：「我沒有放棄，一直讀到這裡，是因為這本書很有趣。」

就像這樣，我們會根據自己的行為，在潛意識中改寫對事物的認知。

這個現象也能應用在戀愛技巧上。如果有喜歡的對象，我們會忍不住想幫助對方，但事實上，讓對方提供幫助，更能有效擄獲他的心。因為，對方在提供幫助時，內心也會出現以下的轉折：「我幫他很多忙」→「如果是不喜歡的人，我應該不會幫忙」→「原來如此，我是喜歡這個人的啊！」

心理學效應

認知失調（Cognitive Dissonance）

當我們察覺到認知一致時會感到愉悅，但若察覺到認知失調時就會感到不舒服，這種不舒服的感覺就會驅使我們嘗試去改變現況。

1. Festinger L. A theory of cognitive dissonance. Stanford University Press, 1957.

43

你的選擇真的是你的選擇？

你雙手握著一個橫桿，橫桿兩側有按鈕。

請你依自己的意志，在想按鈕的時候，依喜好按下左邊或右邊的按鈕。

請問，大腦是在什麼時間點，做出要讓你動手按鈕的準備？

❶ 你先有想按鈕的意願，大腦再做出按鈕的準備

❷ 大腦做好按鈕的準備，你才會有想按鈕的意願

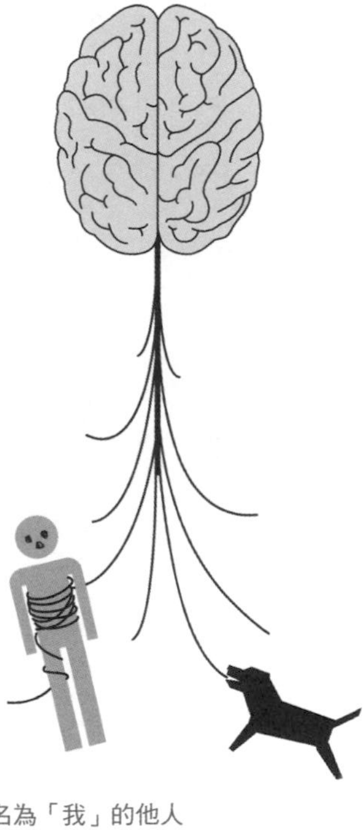

名為「我」的他人

Answer ❷

大腦做好按鈕的準備，你才會有想按鈕的意願

這個實驗能測出你大腦的活動狀況。

別訝異，在你決定按鈕之前，大腦就已經開始做按鈕的準備了＊1。潛意識中的大腦迴路會先做好按鈕的準備，然後，我們才會有想按鈕的意願。

自由意志，是在大腦準備好之後才出現的心情與感覺。測量大腦活動後可以發現，最遲在受試者想按鈕的七秒前，實驗者已經比當事人還更快知道，他們想用左手或右手按鈕＊2。

結果，我們意識到的「自由意志」，只不過是非常成功的幻覺罷了——這點幾乎毫無疑問。「意志」頂多是大腦活動的果，而非因。

這個說法乍看之下似乎很不可思議，但仔細思考，就知道是理所當然。任何一種大腦活動，一定是由於導致此活動產生的根源，原本就存在於大腦某處。任何一個大腦活動都有因，也就是有其來源，不會無中生有。

受試者之所以產生「想按鈕」的意志，自然也是因為大腦某處存在這個意志的根源，亦即準備好「想按鈕的意志」的這個事前活動。

如果像這樣往上追溯「心」的源頭，所謂「自己」的這個主體，遲早會沒入大腦活動這個化學反應的漏流中，消失不見。

不過，要將這個事實當作尋常事接受，無可否認，還是需要勇氣的。畢竟，人仍存有希望能「自由活著」的浪漫願望。

但是，在我們希望擁有自由的同時，不能忘記這個「自由」指的究竟是什麼*3。應該不會是希望從人生經驗的「現實」中變得自由吧。因為「活在人世」這件事本身，就絕對是「不自由」的。

心理學效應

自由意志錯覺（Free-will Illusion）

人其實是受潛意識擺佈，只是有受到意識控制的錯覺。

1. Libet B, Gleason CA, Wright EW, Pearl DK. Time of conscious intention to act in relation to onset of cerebral activity（readiness-potential）: The unconscious initiation of a freely voluntary act. Brain 106:623-642, 1983.
2. Soon CS, Brass M, Heinze HJ, Haynes JD. Unconscious determinants of free decisions in the human brain. Nat Neurosci 11:543-545, 2008.
3. Gazzaniga MS. Who's in Charge?: Free Will and the Science of the Brain. Ecco, 2011.

44

頭髮分線決定你的人緣

請看下面的插圖。兩人的髮型一個是右分，一個是左分。

一般來說，哪種分法給人比較好的印象？

❶ 右分（右圖）給人比較好的印象

❷ 左分（左圖）給人比較好的印象

Answer ❶

右分給人比較好的印象

一般來說，右撇子的人比較會注意到左側的視野＊1，這是因為右腦比較擅長處理影像。

比方說，下圖是左右顛倒的兩張臉，右邊的臉看起來是不是比較像在微笑呢？這是因為右圖的左半邊是笑臉。同理，前一頁的插圖，如果左右顛倒，其實是同一張圖，但我們的左視野，對左半邊有特徵的右分，會比較有印象。

再舉些例子。魚類料理裝盤時，魚頭在左邊，比較能刺激食欲；書或海報的插圖畫在左邊，讀者也會比較有印象。超級市場主推的商品，也是陳列在左側貨架，會賣得比較好。

大腦的這種習性，也能給予我們在髮型、衣著、打扮或化妝上的提示。我們應該將重點放在他人左視野的部分，也就是自己的「右側」。沒錯，值得費心打點的是我們的右半邊。

不過，看著鏡子化妝時，可得留意不要只花心思在「左半邊」。因為鏡中的影像是相反的。

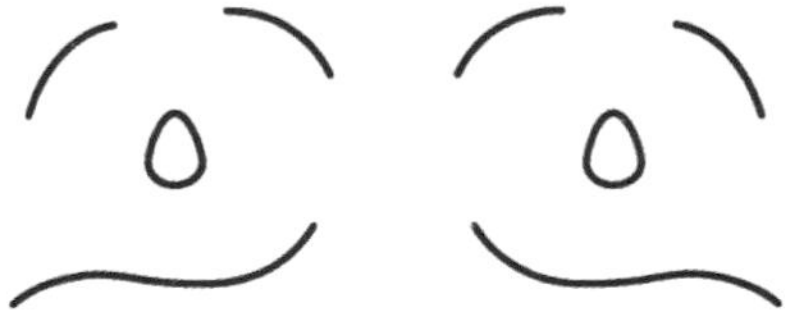

左右對稱

心理學效應

偽忽視（Pseudoneglect）

注意力容易聚焦於視野左半邊的傾向。

1. Orr CA, Nicholls MER. The nature and contribution of space-and object-based attentional biases to free-viewing perceptual asymmetries. Exp Brain Res 162:384-393, 2005.

45

與其不要想，不如好好想

有心理學家進行兩個實驗。兩個實驗都是給受試者五分鐘，請他們在這段時間自由發想，但希望他們盡可能想到「白熊」。

不過，第一個實驗，是直接請受試者發想。

第二個實驗，則是請受試者先花五分鐘盡量不去想「白熊」，然後，再開始想到白熊的實驗。

那麼，哪個實驗的受試者想到白熊的次數較多？

❶ 直接自由發想五分鐘

❷ 先試著不去想白熊，然後再自由發想

Answer 2

先試著不去想白熊，然後再自由發想

叮嚀自己「忘記」，其實就等同於要自己「想起」。不，要自己忘記，其實比要自己想起的效果更強烈。

在此實驗中，先花時間努力不想到白熊的受試者，之後想起白熊的次數，是另一組的三倍＊1。

雖然「記住」事物能靠努力辦到，但即便有拚勁和毅力，無法忘記的事，就是無法忘記。例如痛苦的經驗、過世的人或失去的心愛物品等，愈是努力想忘記，就反而愈是難忘。大腦就是有此習性，真是很諷刺的反彈效應。而且，這種效果還會持續好幾個月＊2。

所以，痛苦的事情發生時，無須努力勉強自己忘記，而是去做喜歡的事或運動等以轉換心情，然後再交給時間逐漸淡忘，或撫平傷痛。

這種反彈效應也會發生在自己喜歡的事物上。例如，愈是不能去愛，愈是深陷其中的禁忌戀愛，以及愈是不能吃卻愈想吃，導致減肥失敗。

心理學效應

思維壓抑量表測試（White Bear Suppression Inventory）

越努力要壓抑腦袋裡的想法時，反而越容易想更多。

1. Wegner DM, Schneider DJ, Carter SR, White TL. Paradoxical effects of thought suppression. J Pers Soc Psychol 53:5-13, 1987.
2. Wegner DM, Zanakos S. Chronic thought suppression. J Pers 62:615-640, 1994.

46

意志力像肌肉，用久會疲憊

看綜藝節目時，我們會忍不住捧腹大笑。

那麼，如果忍著不笑，會發生什麼不一樣的事？

有個實驗，是讓剛看完綜藝節目的人用力握住握力器。下面哪組人，比較能長時間一直握住握力器？

❶ 看節目時笑得東倒西歪的人

❷ 看節目時忍著不笑的人

Answer 1

看節目時笑得東倒西歪的人

刻意壓抑情緒，能緊握住握力器的時間會減少二十％*1。也就是說，該讓情緒宣洩時要是忍耐住，之後就會變得無法忍耐。

忍著不吃眼前的巧克力，再做握力測試，也會得到相同結果。

再者，被要求「請在六分鐘內不要想到白熊」的受試者，與「請在六分鐘內盡量想到白熊」的受試者相比，前者能握住握力器的時間也比較短。

自制力和意志力跟肌力類似，都是有限的資源。在我們努力使用自制力或意志力後，就會削弱衝勁和忍耐力，有時甚至連道德觀都會變弱。據悉，愈年輕的人愈有這種傾向。

再者，又如下午時，由於人們從早就開始活動，已累積不少疲勞，所以這時說謊的比例會比上午多出二十％*2。

另外，考完試後感到虛脫（倦怠症）、在完成重要工作的慶功宴上容易喝得爛醉、旅行時比較守不住錢包、減肥時易怒等，也都是出於同樣的原理。

很多人剛做完買車的重大決定後，業務員會馬上加碼推銷：「現在加購導航系統，

1. Muraven M, Tice DM, Baumeister RF. Self-control as a limited resource: Regulatory depletion patterns. J Pers Soc Psychol 74:774-789, 1998.
2. Smith IH. The morning morality effect: the influence of time of day on unethical behavior, Psychol Sci, in press.

只要特價兩萬日圓喔。」這是他們的典型作戰方式，想趁著顧客耗費大量心力、意志力較薄弱時進攻。因為，在剛做完重大決定時，會很難深入思考其他問題。

大腦的能量來自葡萄糖。我們可藉由補充葡萄糖，恢復所消耗的自制力*3。又或者看綜藝節目笑一笑、收到令人驚喜的禮物，或是回想當初的目標或報酬，都有助於我們自疲累中恢復*4*5。

心理學效應

自我耗損（Ego Depletion）

人的意志力是有限的，就像能量一樣，當耗去的意志力愈多時，就愈難再堅持下去。

3. Gailliot MT, Baumeister RF, DeWall CN, Maner JK, Plant EA, Tice DM, Brewer LE. Self-control relies on glucose as a limited energy source: Willpower is more than a metaphor. J Pers Soc Psychol 92:325-336, 2007.
4. Tice DM, Baumeister RF, Shmueli D, Muraven M. Restoring the self: Positive affect helps improve self-regulation following ego depletion. J Exp Soc Psychol 43:379-384, 2007.
5. Boucher HC, Kofos MN. The idea of money counteracts ego depletion effects. J Exp Soc Psychol 48:804-810, 2012.

47

超強效學習法

下週有英文考試，得好好記住英文單字才行。

下列哪個學習方法，更能幫助記憶？

❶ 認真閱讀英文單字表，反覆背誦

❷ 反覆做測驗卷

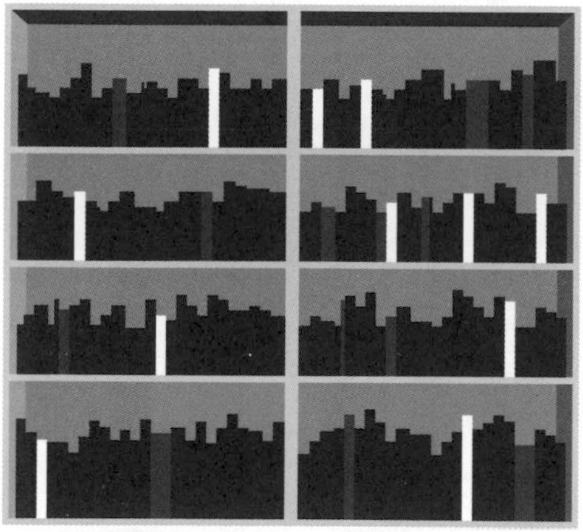

東西收到哪裡去了？

Answer ❷

反覆做測驗卷

大腦面對資訊時，會先評估是否應該記住，而它的判斷標準，是資訊的「使用頻率」。

如果是「頻繁使用」的資訊，大腦就會認為應當記住。但是，「常看到」的資訊則不然。請記住這點。

因此，與其反覆閱讀背誦，還不如直接做題目，實際應用知識，比較能確實牢記＊1。做測驗卷的效果很快。比起一邊將知識整理成圖表，一邊背誦，還不如以做考題的方式學習比較有效率＊2。

博學多聞者，幾乎毫無例外都是愛講話的健談者，這也是因為他們常跟別人提起自己的所知，所以又強化了記憶吧。

心理學效應

測驗效應（Testing Effect）

針對正在學習的知識，刻意地自我測驗，要比多次反覆學習更為有效。

1. Karpicke JD, Roediger HL. The critical importance of retrieval for learning. Science 319:966-968, 2008.
2. Karpicke JD, Blunt JR. Retrieval practice produces more learning than elaborative studying with concept mapping. Science 331:772-775, 2011.

48

意念的神奇力量

在五塊錢日圓硬幣的圓孔上綁條線、打個結，然後輕輕拿起線，讓硬幣懸空。手靜止不動時，五元硬幣也不會動。

接著，請用「念力」讓硬幣動起來——努力在腦海中勾勒出五元硬幣左右晃動的情景，但手請保持不動。

請問，接下來多數人會看到哪個畫面？

❶ 硬幣開始晃動

❷ 硬幣靜止不動

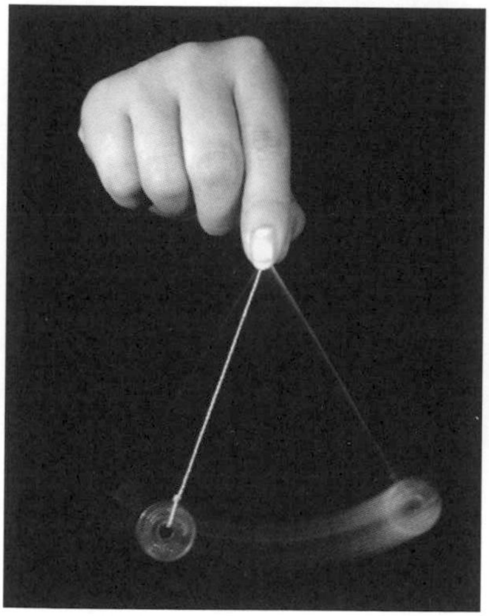

順利動了起來

Answer ❶

硬幣開始晃動

想，就能成真。請實際試試看，五元硬幣真的會開始晃動。

這個現象稱為意念動作＊1，過去的人也曾將此視為招魂術或超自然現象等神祕現象。現在透過精密的檢測已經知道，五元硬幣之所以擺動，是由於拿著線的人肌肉會使力，不自主地讓肌肉運動，只是那力量微弱到連當事人本身也無從察覺＊2。

意念十分強烈時，身體也會做出相應的準備，產生行動。以前日本小孩很流行玩的「狐狗狸」遊戲（譯註：類似「碟仙」的遊戲）、從中世紀歐洲就有的「桌靈轉」等，也是同樣的情況。還有專家試著用自我暗示而產生意念動作的概念，來說明以念力讓湯匙彎曲等超能力＊3。

生活中也能舉出以下這些例子：

——開車的人若是駕駛新手，坐在副駕駛座的人常會忍不住做出踩煞車的動作

——專心看拳擊賽轉播時，我們也會忍不住跟著揮動右拳

此外，也有反過來的現象，亦即身體動作會影響心的運作，例如數字計算。雖然我

們沒有意識到，但在做加法計算時，我們的視線會朝右，做減法計算時，視線會朝左*4，以刺激腦內循環。這應該是因為我們小時候學加減法，是利用數軸來學習，要做加法計算時，就會看向數軸右邊。因此長大後，要在心裡加減數字時，身體就不由自主會先做出模擬看數軸的動作。

就像這樣，身體的活動與心理是緊密相連、表裡一體的關係。

心理學效應

意念動作效應（Ideomotor）

念頭會影響行為。

1. Carpenter WB. On the influence of suggestion in modifying and directing muscular movement, independently of volition. Proc Royal Instit Gr Br 1:147-153, 1852
2. Hyman R. The Mischief-Making of Ideomotor Action. Sci Rev Alt Med, Fall-winter issue, 1999.
3. Nickell J. The Science of Ghosts: Searching for Spirits of the Dead, 2012.
4. Knops A, Thirion B, Hubbard EM, Michel V, Dehaene S. Recruitment of an area involved in eye movements during mental arithmetic. Science 324:1583-1585, 2009.

49

燕子不是鳥類？

下列何者的推論過程正確？

❶ 燕子不是昆蟲，燕子是鳥，因此鳥不是昆蟲

❷ 昆蟲不是鳥，燕子是昆蟲，所以燕子不是鳥

Answer ②

昆蟲不是鳥，燕子是昆蟲，所以燕子不是鳥

據研究，大約有八十%的人認為選項①的推論正確＊1＊2，但選項②的推論過程才是正確的。

大家不要被結論弄混淆了。如果試著將①的「燕子」換成「父親」、「昆蟲」換成「公務員」、「鳥」換成「男性」，推論過程就會變成──

父親不是公務員，父親是男性，因此男性不是公務員。

如此一來，就能明白這個推論很奇怪吧。前面兩個前提，不應該導出「男性不是公務員」的結論。

另一方面，選項②只是「燕子是昆蟲」的前提有誤，但推論過程本身符合三段論，邏輯上沒有問題。

大腦會因為結論看起來煞有其事，而誤以為導出結論的前提和邏輯也都正確。比方說，如果我們的結論碰巧是對的，我們就會得意地認為自己的思考過程很完美。另一方面，要是別人剛好說了什麼錯誤結論，我們不只會否定結論，甚至常常連對方的思考過程和人格也一併否定。

心理學效應

信念偏誤（Belief Bias）

先相信結論，然後認為推出結論的過程是有道理的。或是只尋求符合自己預存觀點的信息，並且忽略違背自己想法的傾向。

1. Evans JSBT, Barston JL, Pollard P. On the conflict between logic and belief in syllogistic reasoning. Mem Cog 11:285-306, 1983.
2. Tsujii T. Belief-bias effect on deductive reasoning: a neuro-developmental study. Hum Dev Res 26:95-102, 2012.

50 什麼是真正的「可惜」？

你預購了電影票，等著看一部上映前評價很好的電影。但電影上映後，風評不佳，你知道是自己期望過高了。

在此情況下，多數人會採取哪個行動？

❶ 還是去看電影

❷ 不去看電影

怎麼辦？要回頭嗎？

Answer ①

還是去看電影

很多人會因為「不看會浪費電影票錢」、「一定得回本」等心態，而選擇①。要放棄已經投入的金錢，需要勇氣*1。不過，選①的人之中，或許也有出於好奇心，想確認電影多糟而去看的人。

仔細深思後，你會覺得選擇①很不可思議。選②就是損失電影票錢而已，將損失降到最低，但選①是除了電影票錢以外，還得犧牲看電影所耗費的時間，損失更多。

像這種損失接連發生的現象，在教育、學習事物，或投資上都經常能看見*2。很多人會覺得「我都已經走到這一步了」，而捨不得付出的努力化為烏有，結果經常錯過停止的時機。

很難分得乾淨、藕斷絲連的情侶，也一樣是出於這種心態的作用。

心理學效應

沉沒成本效應（Sunk Cost Effect）

人們在決定是否去做一件事情時，不僅會看這件事會為自己帶來的好處，也會沉溺在過去已投入、且不能回收的成本中，而做出不理性的選擇。

1. Knox RE, Inkster JA. Postdecision dissonance at post time. J Pers Soc Psychol 8:319-323, 1968.
2. Arkes H, Hutzel L. The role of probability of success estimates in the sunk cost effect. J Behav Decis Mak 13:295-306, 2000.

51

理所當然的推論，卻導致意想不到的錯誤

琳達是三十一歲的單身女性，非常知性，說話直率。她大學主修哲學，參與過許多與社會主義和歧視議題有關的活動，也參加過反核示威。

請問，琳達符合下列哪個身分的可能性較高？

❶ 她是銀行職員

❷ 她是銀行職員，也參與女權運動

我很厲害吧？

Answer ❶

她是銀行職員

一般人可能會不假思索選②，但正確答案是①。事實上，不管有沒有前述關於琳達的說明，正確答案都是①。

以「集合」的概念來看，答案就很清楚。解答的重點，在於必須意識到，符合選項②的人，一定也得符合選項①。

也就是說，如果問符合哪個選項的可能性高，自然是選項①。由於選項②是①的部分集合，因此符合的機率較小。

大腦在做判斷時，容易受特徵明顯的語句影響＊1。光是聽到「參與過許多與社會主義和歧視議題有關的活動，也參加過反核示威」，一般人心中對琳達就會有一個強烈的印象。在先入為主的觀念下，很容易覺得琳達就是某個類型的人。

心理學效應

合取謬誤（Conjunction Fallacy）

是種機率謬誤。認為兩個事件同時出現的機率，要比一個事件出現的機率更大。

1. Tversky A, Kehneman D. Extension versus intuitive reasoning: The conjunction fallacy in probability judgment. Psychol Rev 90:293-315, 1983.

52

逆轉勝的錯覺

有支青棒隊和其他球隊進行友誼賽，二十場比賽的勝負結果依序如下：

○××○××××○×○○×○○×○（○＝勝，×＝敗）

看到這種結果後，多數人會怎麼想？

❶ 沒什麼，很平常

❷ 青棒隊的表現漸入佳境

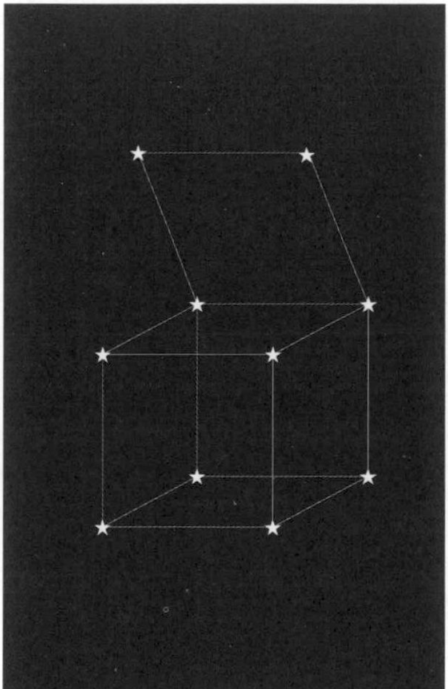

看事物的方式、眼力

Answer ②

青棒隊的表現漸入佳境（但正確答案應是①）

狀況題中這一連串○╳記號的排列是虛構的，只是用○╳出現率同為五十％的亂數表隨機排列出來。

不過，大部分的人都能從中看出個什麼規則，尤其會注意同一記號連續出現之處（群聚），這稱為群聚錯覺＊1。

大腦為什麼喜歡秩序？因為認同無秩序需要勇氣。再者，他們也喜歡這樣的故事──「球隊一開始雖然都在輸球，但之後卻愈打愈好，球員很努力啊！」。像這樣不負責任地隨意詮釋，是大腦的特徵。

看籃球比賽時，我們會感覺比賽有高低起伏，有些時候，球員就是比較容易進球，有些時候就感覺悶悶卡卡的，很難得分。但根據分析比賽數據的結果得知，投籃成功及失敗的順序，和隨機排列看起來沒什麼不同＊2。

心理學效應

群聚錯覺（Clustering Illusion）

大腦會尋求模式及規則，錯誤地認為一些純粹巧合的事應該有某種規律或異象。如果遇到分散的信號（無規則的雜訊）找不出模式規則時，大腦就會自己發明。

1. Gilovich T. How We Know What Isn t So: The Fallibility of Human Reason in Everyday Life. New York: The Free Press, 1991.
2. Gilovich T, Robert Vallone R, Tversky A. The hot hand in basketball: On the misperception of random sequences. Cog Psychol 17:295-314, 1985.

53

打造心理免疫系統

你下個月有個重要的升遷考試，要是合格，將是人生一大轉機；要是失敗，之後可能很難出人頭地。

雖然不想現在就開始杞人憂天，但要是失敗了，自己會有什麼感覺？會沮喪幾個月啊？

請問，自己預估的沮喪時間，和（假如真的沒考過）的實際沮喪時間相比，哪個期間較長？

❶ 自己預估的沮喪時間較長

❷ 一樣長

❸ 實際沮喪的時間較長

自我防衛

Answer ①

自己預估的沮喪時間較長

當然，遭逢失敗會帶來很大的打擊，但事實上，失敗者並不如自己所想的那麼沮喪[1]，心情平復的速度也會比想像中快。

考試考差的學生也是[2]，因車禍導致身體殘障的人也一樣[3]，實際上，當事人並不會如自己一開始所想的痛苦那麼久。

這個現象稱為「心理免疫系統」，是要讓我們建立對痛苦經驗的耐受性，補償我們的負面感受。這種心理上的屏障，對於我們因應無情的現實來說很重要。

不光是厭惡的情緒如此，比如雪恥也是。有雪恥念頭的人會覺得，「如果能雪恥，感覺一定非常痛快」，但事實上，真的揚眉吐氣之後，成就感並沒有原先預期般強烈[4]。

1. Gilbert DT, Pinel EC, Wilson TD, Blumberg SJ, Wheatley TP. Immune neglect: A source of durability bias in affective forecasting. J Pers Soc Psychol 5:617-638, 1998.
2. Wilson TD, Wheatley TP, Kurtz JL, Dunn EW, Gilbert DT. When to fire: Anticipatory versus postevent reconstrual of uncontrollable events. Pers Soc Psychol Bull 30:340-351, 2004.
3. Ubel PA, Loewenstein G, Schwarz N, Smith D. Misimagining the unimaginable: The disability paradox and health care decision making. Health Psychol 4:S57-62, 2005.

同樣的，經心理實驗證明，包括在比賽中贏得獎金*5、告白成功*1，感動的程度其實都沒有當事人最初想的那麼強烈。

心理學效應

對持續時間的忽視（Duration Neglect）

我們評價痛苦或愉快的體驗時，傾向只注意情緒強度，而忽略情緒持續的時間。

影響力偏誤（Impact Bias）

人在事情尚未發生前，容易放大發生後可能產生的情緒。

4. Carlsmith KM, Wilson TD, Gilbert DT. The paradoxical consequences of revenge. J Pers Soc Psychol 95:1316-1324, 2008.
5. Kermer DA, Driver-Linn E, Wilson TD, Gilbert DT. Loss aversion is an affective forecasting error. Psychol Sci 17:649-653, 2006.

54 中獎的迷思

有項抽獎活動，獎金為一萬日圓。參加者須從裝有九十顆球的箱子中，抽出一顆球。

九十顆球中已知有三十顆為紅色，剩下的六十顆球可能是黃色或黑色，但其比例不得而知，有可能全是黑球，也可能一顆黑球都沒有。

在此前提下，多數人會選擇用以下哪個規則抽獎？

❶ 抽中紅球的話，可得一萬日圓

❷ 抽中黑球的話，可得一萬日圓

可能有，也可能沒有

Answer ①

抽中紅球的話，可得一萬日圓（正確答案是①跟②機率相同）

抽中紅球的機率，是九十顆中的三十顆，亦即三分之一。抽三次的話，有可能抽中一次。

另一方面，抽中黑球的機率也是三分之一。聽起來雖然不可思議，但仔細思考就能明白。

雖然不知道黃球和黑球的比例，黑球可能是四十顆，也可能是二十顆，但將其可能性平均下來，黃球和黑球的比例相同。說到底，抽到黑球的機率（在不知道確切比例的資訊下）是三分之一。

也就是說，不管選擇哪個規則，得到一萬日圓的機率都一樣。

不過，大腦不喜歡「無法得知機率」的選項＊1，也討厭不明確的事，因此我們對於選擇規則②會感到遲疑。

現實世界充滿不確定，就連明天都無法預測，所以，我們才會想把希望放在多少比較確定的事情上吧。

心理學效應

不明確性效應（Ambiguity Effect）

當人面對兩種選項時，會避開資訊不足或風險不明確的選擇，而傾向選擇有一定瞭解的選項——即便該選項的風險很大。

1. Ellsberg D. Risk, ambiguity, and the savage axioms. Quart J Econ 75:643-699, 1961.

55 強者一定是壞人，弱者肯定是好人？

某個大家閨秀，與男友約定好結婚。但這位千金小姐的父親，卻逼她和家世良好的男性相親——這是電視劇常有的劇情。

故事發展到後來，千金小姐雖然曾一度心不甘情不願答應政治聯姻，但還是忘不了男友。結果，相愛的兩人計畫要私奔。

請問，多數人會站在女兒或父親那邊？

❶ 女兒。希望千金小姐縱使生活困頓，也能和心愛的人一起努力

❷ 父親。希望千金小姐繼承家業，守護老家的傳統和光榮

Answer ①

女兒。希望千金小姐縱使生活困頓，也能和心愛的人一起努力

我們都喜歡努力的人。這個狀況題的父女倆雖然都很努力，理當受到同等評價，但大腦的運作會讓我們比較同情弱者。

這種心態在弱者自己身上也看得到。弱者無法以一己之力突破現狀，因此陷入絕望，覺得這種無力感和挫折或許會一直持續下去。處於這種絕望深淵時，會翻轉人的價值觀，弱者會肯定自己的無力感，並將受困的狀態合理化。

在狀況題的情境中，女兒會認為父親是造成自己不幸的元兇，並改變想法，覺得自己的道德正確，才是善良的一方。

哲學家尼采，將這種曲折的心理狀態稱為「無名怨憤」（因為自卑壓抑所產生的憤恨）*1。

這種心態如果太強烈，有時甚至會將憎惡的對象擴大到整個社會——「什麼狗屁權力、狗屁傳統！這個社會就是這麼糟！」

這種人是想找個對象發洩無以名狀的憤怒，讓自己好過些。私奔或示威，都是這種心理狀況的典型例子。

雖然以達爾文的進化論來看，應該是適者生存，但大腦做判斷時沒這麼簡單。這是社會的複雜困難之處。

一般來說，強者的判斷標準是「對錯」、「損益」，弱者的判斷標準則是「善惡」，兩者的價值觀幾乎無法相容。例如，勞資雙方觀點歧異，就是很常見的事。

另外，附帶一提，沒有任何根據顯示，選擇支持世故父親的人，會比支持戀愛這種短暫簡單激情的人，更不適合做為伴侶。

心理學效應

無名怨憤（Ressentiment）

弱者嫉妒強者的心理，例如貧窮的人會認為自己是善、富人是惡，然後會用這種想法優先思考自己的態度。

1. Nietzsche F. Jenseits von Gut und Bose. Vorspiel einer Philosophie der Zukunft, 1886.

56

我沒有動手，可以降低罪惡感

約翰是一名網球選手。

明天，他將在百萬優勝獎金的比賽中與強敵對戰。

今晚，他和對手一起參加賽前的慈善晚會。據悉，約翰的對手對胡椒過敏。

下列兩個狀況中，多數人會覺得哪個比較不道德？

❶ 對手在不知情下點了加有胡椒的餐點，約翰知道，但選擇默不作聲

❷ 約翰推薦對手點加有胡椒的餐點

Answer ②

約翰推薦對手點加有胡椒的餐點

就算結果相同，但多數人還是會覺得，做了什麼而導致某個結果，會比置之不理而導致同樣後果來得不道德。

在這個狀況題的調查中，有六十五％的人認為選項②比較不道德，覺得①比較不道德的人不到二％＊1。

這種心態有時候會導致不合邏輯的判斷。

例如，假設有一種兒童傳染病，患病的兒童中，一千人會有一人死亡。另外，有疫苗能預防這種傳染病，但疫苗本身有副作用，接種疫苗的一萬人中會有一人不幸身亡。在此前提下，家長是否會讓孩子注射疫苗？調查顯示，儘管使用疫苗能幫助孩子存活的機率，是不使用疫苗的十倍，但有七十九％的人會選擇不使用＊2。

再者，在籃球賽中，比賽將近尾聲時，裁判裁定球員犯規的次數會減半＊3；在足球賽中，裁判在罰球區內裁定球員犯規的機率也較低。

大腦採行放任主義，在類似狀況中，為避免承擔責任，我們會選擇不介入、不採取行動。

心理學效應

不作為偏誤（Omission Bias）

認為主動作為導致傷害，比被動不作為導致傷害更糟糕、更不道德，即使後者傷害與前者相當或比後者更多。

1. Spranca M, Minsk E, Baron J. Omission and commission in judgment and choice. J Exp Soc Psychol 27:76-105, 1991.
2. Ritov I, Baron J. Reluctance to vaccinate: omission bias and ambiguity. J Behav Decis Mak 3:263-277, 1990.
3. Wertheim J, Moskowitz JT. Scorecasting: the hidden influences behind how sports are played and games are won. Crown Archetype, 2011.

57

令人驚嘆的人工智慧

生日時，父親送你一個禮物。那是個可愛的機器人，按下開關後，跟它說話，它就會回應你。這個具有人工智慧的機器人，做得比想像中棒。

請問，跟機器人聊天後，多數人會有以下哪種感覺？

❶ 好像真人喔！

❷ 也沒什麼，反正內部是由電腦在控制

打開後嚇一跳

Answer ❶

好像真人喔！

我們的大腦很喜歡將事物擬人化。藉由在人類以外的事物上發現類似人心的表現，就覺得和那個事物很親近，彷彿能理解它。

例如，自以為能和寵物溝通、在森林看見可愛動物就想餵食飼料，或是在一棵松樹上感受到寂寞等情境，也都與擬人化有關。

擬人化的對象不限生物，例如「太陽照耀著我們」、「遭巨浪吞沒」、「天譴」等表現，也是擬人化的典型例子。

當然，擬人化也能應用於人造物品上，例如電腦。很多人非常熱衷電子雞等養成遊戲，或戀愛遊戲等，他們無法冷靜思考，這些遊戲背後不過是無生命的程式罷了。

電子寵物菲比（Furby）、機器狗AIBO、人型機器人Pepper等具高度人工智慧的商品機器人，也很受歡迎。也有人會幫掃地機器人取名，要是掃地機器人故障，甚至有人會覺得彷彿失去重要的人，感到絕望，陷入所謂的「失去機器人症候群」。

就像這樣，人會在潛意識中覺得電腦很像人，這種現象稱為「伊莉莎效應」，這是以一九六六年問市的早期會講話的機器人伊莉莎來命名*1。

最近，連具備人工智慧的心理諮商師也出現了＊2。面對這種機器人，應該比較容易說出難以跟真人啟齒的煩惱，這是優點。

心理學效應

伊莉莎效應（Eliza Effect）

人會過度解讀機器的結果，進而讀出原來不具有的意義。這是認為機器人或電腦很人性化的一種傾向。

1. Turkle S. Eliza effect: Tendency to accept computer responses as more intelligent than they really are. Phoenix Paperback: London, 1997.
2. Bohannon J. The synthetic therapist. Science 349: 250-251, 2015.

58 再見啦！拖延病

有項實驗準備了二十個課題，包括解謎遊戲、用粘土捏一隻小狗、算數學題、以厚紙板做出盒子等，請受試者在一小時內逐一完成。

實驗者在二十個課題中隨機選出十個，讓受試者做到好為止，另外十個，則在中途打斷，不讓他們做完。

實驗結束後，請受試者回想自己做了什麼課題。請問，他們比較容易回想起來的是哪些？

❶ 已經完成的課題

❷ 尚未完成的課題

Answer 2

尚未完成的課題

在短時間內一口氣做二十件事，之後如果要回想內容會很困難。不過，據研究顯示，沒做完的工作容易回想起來的程度，是已完成工作的兩倍*1。這種現象依發現者之名，命名為「蔡格尼效應」。

朝著目標工作時的緊張感，會讓我們總是惦記著工作本身，但達成目標後，緊張感一消失，對工作內容的記憶也會跟著變得模糊。

——比起工作告一段落就下班，不如將下一項工作先做一點後再下班，這樣隔天早上比較容易進入狀況。

——收到文件後，不要因為工作截止日還早，就先放著不管。先打開稍微瀏覽一下，之後要趕工時會比較有效率。

——要向他人說明新工作的步驟時，即使事前仔細說明，對方也很難記住，不如讓他實際動手做再說明，對方更容易理解。

即使工作進行到一半時先暫放一邊，大腦迴路仍會在我們自己都沒意識到的情況下，代替我們處理工作，所以之後再處理反而效率更高。

心理學效應

蔡格尼效應（Zeigarnik Effect）

我們對未完成的事情總是念念不忘，甚至比起已完成的事情更容易會想起。直到工作完成、目標達成，這個不斷提醒的狀況才會戛然而止。

1. Zeigarnik BV. On finished and unfinished tasks. In Ellis WD. A sourcebook of Gestalt psychology. Humanities Press, 1967.

59

邏輯的謬誤

相較於異性戀男性，同性戀男性的髮旋呈逆時針方向的比率較高（沒騙你，這是真的）。

知道這個冷知識後，多數人會怎麼做？

❶ 確認一下自己或周遭男性的髮旋是什麼方向

❷ 確認一下同性戀男性的髮旋是什麼方向

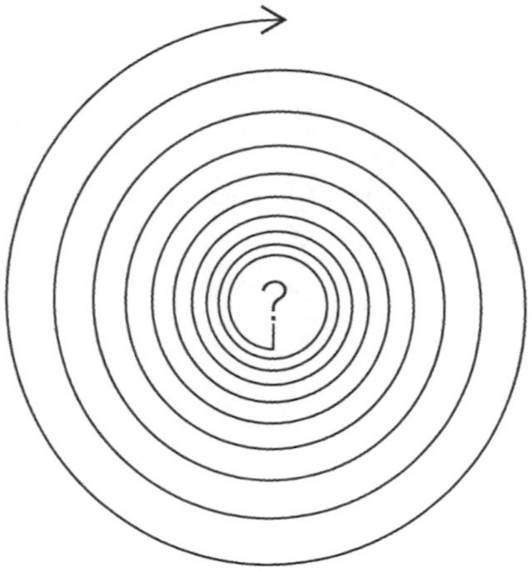

旋轉的方向

Answer ①

確認一下自己或周遭男性的髮旋是什麼方向

請仔細閱讀狀況題的說明。

文中雖然提到「同性戀男性的髮旋呈逆時針方向的比率較高」，但並沒有說「髮旋呈逆時針方向的男性多為同性戀者」。所謂，反之並不必然。事實上，髮旋呈逆時針方向的異性戀男性也很多，而且比同性戀者多*1。因此，選項①確認自己或別人的髮旋是否為逆時針方向，根本毫無意義。

就像這樣，只要聽到「如果是A即是B」，就誤以為「如果是B即是A」，這是人類特有的現象。比方說，有動物接受訓練後，只要看到筆的照片，就能從幾個詞彙中找出「筆」這個字。但相反地，先讓動物看「筆」這個字，再找出筆的照片，動物就無法正確選擇。亦即，反過來問，動物就不知道答案。

或許有人會覺得，明明這麼簡單，動物為何不懂變通，但請冷靜思考一下，其實人的邏輯才有問題。從邏輯來看，「反之並不必然」。「父親是男性」，但反之，「男性卻不一定是父親」。也就是說，動物的邏輯才對。

雖然人的邏輯不太自然，但也可以說，正是由於人會做出不夠嚴謹的推論，所以才

1. Klar AJ. Excess of counterclockwise scalp hair-whorl rotation in homosexual men. J Genet 83:251-255, 2004.
2. Klar AJ. Human handedness and scalp hair-whorl direction develop from a common genetic mechanism. Genetics 165:269-276, 2003.

有豐富的想像力。因為，要發揮創造或發明的能力，並不是靠嚴密的思考迴路。而人之所以有這種「程度很高的誤解」，應該是由於具備語言能力之故。

此外，也有人看了狀況題的說明後，去確認「女性」的髮旋，這是稱為「範疇錯誤」的另一種認知偏誤*2。與狀況題內容相關的，就只有「男性」的同性戀者。

附帶一提，雖然髮旋呈逆時針方向的人比較少，但其中有半數為左撇子*3*註。

心理學效應

刺激等同中的對稱（Symmetry in Stimulus Equivalence）

認為「反之亦然」。

範疇錯誤（Category Mistake）

將不屬同一個範疇的事物歸作同一類，或者將一種本來該種事物不能夠擁有的特徵加到該事物身上。

3. Ryle G. The Concept of mind. University of Chicago Press, 1949.

註：也請注意以下的說明。絕對不是「有一半左撇子的人，髮旋呈逆時針方向」，但會這麼誤會的人意外地多。邏輯思考就是難在此。

第四章

如何擺脫盲目，讀懂人心

——人性的心理陷阱

60

你可以操控人心

教授將兩隻老鼠交給研究室的學生，並向他們說明，其中一隻老鼠血統較佳，比較聰明；另一隻比較笨。

事實上，這不是真的，教授只是隨便抓來兩隻研究室飼養的老鼠而已，牠們其實沒什麼不同。

那麼，學生讓兩隻老鼠學習，並進行測試後，會得到下列哪個結果？

❶ 兩隻老鼠的學習能力相同

❷ 教授說比較聰明的老鼠，學習能力確實比較好

❸ 教授說比較聰明的老鼠，其實學習能力會較差

戴著有色眼鏡看事物

Answer 2

教授說比較聰明的老鼠，學習能力確實比較好

進行實驗後，學生提出的報告顯示，教授一開始說比較聰明的那隻老鼠，學習成績也比較好。

學生並沒有說謊，他們也的確得到這樣的數據。之所以會有這種結果，是因為學生比較疼愛照顧所謂「比較聰明」的老鼠，對他們認為比較笨的老鼠，則是隨便應付。獲得細心照顧的老鼠，由於比較沒有壓力，因此能徹底發揮學習能力。

這種由於他人期待而對當事人所造成的影響，稱為羅森塔爾效應＊1，羅森塔爾即是進行這項實驗的教授。

另外，也可稱為畢馬龍效應。畢馬龍是希臘神話中的賽普勒斯國王，他愛上自己用象牙雕刻出的女子。女神阿芙蘿黛蒂賜予雕像生命後，畢馬龍於是得以和有了生命的雕像結婚。所謂畢馬龍效應，指的就是「期待就能成真」的效應。

除了研究室外，很多地方也能看到這個現象。例如，以學校來說，老師對於成績原本就不錯的學生，會有所期待、細心指導，學生也會回應老師的期待而努力，結果成績變得更好。相反地，不受期待的學生，老師經常會忽略不顧，學生的成績因此退步。這

種因為不受他人期待而造成的負面效應，稱為「格蘭效應」＊2。

醫院也有同樣的現象。比起醫生診斷為很難治癒的患者，醫生比較會花心思治療他判斷應該能治好的患者，護理人員也會努力照顧。結果，這種患者治癒的機率也因此提高。

不過，如果醫生一直期待能治癒的病患未能治好時，病患會因為覺得必須回應醫生的期待，比較可能謊稱自己狀況轉佳，這稱為「霍桑效應」＊3，會妨礙治療。

心理學效應

羅森塔爾效應（Robert Rosenthal Effect）、畢馬龍效應（Pygmalion Effect）

若告訴某人你對他有所期待，對方通常能回應期待而努力，做出比實際能力更好的表現。

格蘭效應（Golem Effect）

當教育者不抱任何期待，以致學生能力無法發揮，表現能力低落。

霍桑效應（Hawthorne effect）

當被觀察者知道自己成為觀察對象，而改變行為傾向的效應。

1. Rosenthal R, Fode KL. The effect of experimenter bias on the performance of the albino rat. Behav Sci 8:183-189, 1963.
2. Babad EY, Inbar J, Rosenthal R. Pygmalion, Galatea, and the Golem: Investigations of biased and unbiased teachers. J Edu Psychol 74:459-474, 1982.
3. McCarney R, Warner J, Iliffe S, van Haselen R, Griffin M, Fisher P. The Hawthorne Effect: a randomised, controlled trail. BMC Med Res Methodol 7:30, 2007.

61 醫院的心理操控術

假設你最近身體不適，去醫院看病。醫生告訴你，你有百分之八十的機率是罹患了A病。醫生還說，如果不是A病，就可能是B或C其中一種病。

有種名為「ET掃描」的檢查，能確實診斷出B和C這兩種病，若檢查結果為陽性，表示罹患B病，檢查結果為陰性，則為C病。但若是A病，則檢查結果呈陽性和陰性反應的比率都是五成。

在此情況下，選擇哪個選項的人較多？

❶ 做ET掃描檢查

❷ 不做ET掃描檢查

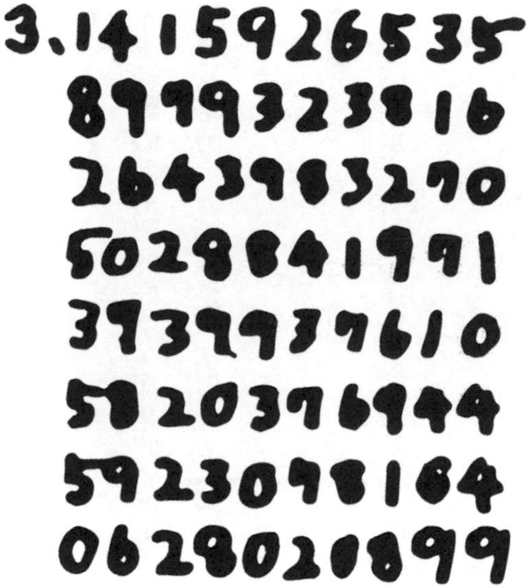

沒完沒了的……

Answer ❶

做ET掃描檢查（但正確的做法應為②）

在做決定及行動時，我們會覺得可供判斷的素材和依據愈多愈好＊1。但過猶不及，如果花費太多心力收集資訊，則會導致難以決定，浪費時間。

任何資訊都有優劣之分，但大腦會傾向不去判斷眼前資訊的好壞，而是將它們視為同等重要。再者，即使收集再多資訊也不會影響決定時，大腦還是無法停止，仍會繼續努力收集。

這個狀況題中的實驗，是以虛構的病名和診斷方式，請受試者作答＊2。

請試著冷靜思考，其實，所謂ET掃描檢查的結果，對確診病名沒有任何幫助＊註，但多數人卻想接受檢查。

有些多餘的檢查選項，可能是醫院在經營上的策略，病患須留意，以免增加醫療費用。

大腦的運作，會讓我們莫名地想知道，就算是知道也沒有意義的資訊。以下這些都是很好的例子：

1. Omodei M, Elliott G, Clancy JM, Wearing AJ, McLennan J. More is better? A bias toward overuse of resources in naturalistic decision-making settings. In Montgomery H, Lipshitz R, Brehmer B. How professionals make decisions. Lawrence Erlbaum Associates, 2005.
2. Baron J. Thinking and Deciding. Cambridge University Press, 1988.

——明明去年已參加過學測，卻很在意今年學測的考題。

——寄出電子郵件後，自己馬上又重讀一遍。

——觀看娛樂新聞。

杯子破掉時，有時候我們會忍不住拾起碎片拼湊出原貌，這種行為也是出於同樣的心理。

心理學效應

資訊偏誤（Information Bias）

相信獲得更多訊息，會做出更好的決定。

註：患者不是罹患A病的機率是20%，在此情況下接受ET Scan檢查，有10%機率為陽性、10%機率為陰性，可以確診罹患B或C病。不過，由於患者罹患A病的機率為80%，在此情況下接受檢查，有40%為陽性、40%為陰性。因此，就算接受ET Scan檢查，得到陽性和陰性反應的比率還是各為50%（40%+10%），終究還是不知道究竟罹患了什麼病。

62

我快死了嗎？

有種疾病，在一萬人之中會有一人感染，而且這是種很危險的疾病。

有家藥廠研發出一項檢驗方式，準確度號稱高達九十九％。如果感染上述疾病，檢驗結果有九十九％的機率呈陽性，反之，未感染疾病卻呈陽性的錯誤率，僅有一％。

你馬上做了檢查，但檢驗結果居然是「陽性」。

遇到這種情況，多數人會有哪種反應？

❶ 感到害怕

❷ 大膽認為，真正的結果也可能會是陰性

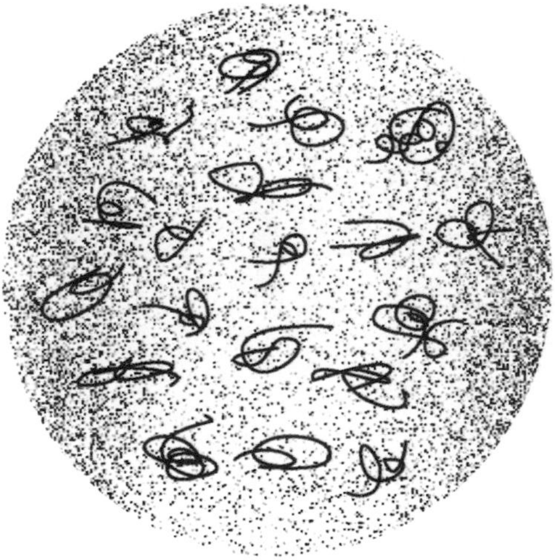

雖然的確看到了什麼

Answer

❶

感到害怕（但正確的判斷應為②）

在準確度這麼高的檢驗方式下得出陽性反應，會沮喪是很正常的。不過，從數學的角度來看，這種反應並不正確。因為，就算「A是B的機率」為九十九％，但「如果是B則為A的機率」卻不一定是九十九％。

大腦並不擅長處理數字，比起「個別資訊」，更容易忽略「整體資訊（基準率）」＊1。以這個狀況題來說，重點是「一萬人之中會有一人感染」。

請試著這麼思考：一萬人會有一人感染，這代表一百萬人有一百位會得到感染。因為檢驗方法的準確率為九十九％，所以這一百位感染者中，會有九十九位的檢驗結果呈陽性。

但請別忘了，一百萬人中未受感染的人是九十九萬九千九百人。這些未受感染的人之中，也有一％的人檢驗結果呈陽性。也就是說，有九九九九人明明未受感染，但檢驗結果也是陽性。

因此，如果有一百萬人接受檢驗，九十九人加上九九九九人，等於會有一萬零九百零八人的結果呈陽性。

但這一萬零九百零八人中，真正感染疾病的只有九十九人，因此，即使診斷結果為陽性，實際感染疾病的機率卻低於一％。

所以，就算檢驗結果呈陽性，應該要正面思考：「沒關係，還有九十九％的機率為陰性」，這才是正確反應。

讓人印象深刻的數據，很容易產生這種數字上的錯覺，例如：「減少九十九％的熱量」、「頭獎為一億日圓」、「死亡率九十％」等。

心理學效應

基準率謬誤（Base Rate Fallacy）

一種機率謬誤，因不了解統計學上的基本比率而導致的推論謬誤。

1. Bar-Hillel M. The base-rate fallacy in probability judgments. Acta Psychol 44:211-233, 1980.

63 潛移默化的洗腦效應

有個實驗請受試者和不認識的人聊五分鐘，之後，再請他們為談話的愉快程度打分數，滿分是一百分。

事實上，聊天之前，受試者已經看過對方的照片，以及年齡、身高、來自何地、嗜好等個人資料，並事先預估談話的愉快程度，以滿分一百分打過分數。

同時，他們也知道其他人之前為該談話對象所打的分數。

請問，實際聊天後，是受試者打的分數比較接近自己預估的分數，還是別人以前的給分？

❶ 接近自己預估的分數

❷ 接近別人以前的給分

我有自己的想法

Answer 2

接近別人以前的給分

人很容易受他人意見影響＊1。在此實驗中，受試者的給分跟其他人以前的給分，平均差了十一分；但跟自己預估的分數，卻平均差了二十二分之多。

從這實驗還得出一項有趣的結果。在事前詢問受試者：「你認為自己聊天後打的分數，比較接近自己的預測，還是別人的判斷？」有八十九％的人認為是自己的預測。也就是說，多數人都有信心，自己不會受他人意見左右。

這還不值得驚訝。即使實驗過後問受試者：「你的預測比較正確，還是以前其他人的評估比較吻合？」居然有七十五％的人回答「自己的預測比較正確」。這顯示受試者的記憶已經扭曲，沒有意識到自己已經受到他人評價的影響。

人會在不知不覺中吸收別人所做的判斷，並當成自己的意見。我們的知性其實是被操控的傀儡。

為別人安排相親或聯誼時，如果事前先讚美要介紹的對象，事情就會發展得比較順利，也是由於這種大腦習性的作用。

心理學效應

建議效應（Advice Effect）

受他人意見左右的傾向。

1. Gilbert DT, Killingsworth MA, Eyre RN, Wilson TD. The surprising power of neighborly advice. Science 323:11617-1619, 2009.

64 不懂也要裝懂

你知道一氧化二氫（Dihydrogen Monoxide）這個化學物質嗎？

它又稱「氫氧基酸」，在常溫下為液體，由於無臭無味，廣泛應用於溶劑與冷卻劑中。

有時它會造成不良影響，甚至引起嚴重燙傷。過量攝取，會對健康造成嚴重傷害，也可能導致死亡。

自來水中也含有大量一氧化二氫，但目前日本的自來水水質標準，並未針對這個物質有所規範，也沒有標示在成分中。

那麼，若對一般消費者進行市調，詢問他們「政府是否應該限制自來水中的一氧化二氫含量？」，多數人的答案會是哪一個？

❶ 應該限制

❷ 不限制也沒關係

任意排出

Answer 1

應該限制

比較敏銳的人應該發現了吧？一氧化二氫是我們很熟悉的物質。正如其名，有一個氧、兩個氫，所以就是H_2O，沒錯，就是水。

雖然上述的說明都正確，但在這樣說明下，居然有九十二%的受訪者認為，應該限制自來水中一氧化二氫的含量＊1。

即使說明的是同一件事實，但使用科學術語，聽者的反應就會不同。以前，就有某個品牌洗髮精的電視廣告使用這個技巧，說洗髮精中加入了抗屑因子「匹賽翁鋅」（Zinc Pyrithione）。

有多少人知道匹賽翁鋅這個物質？事實上，就連有藥學博士學位的我也不是很了解。但我得承認，第一次看到它的電視廣告時，我也覺得這款洗髮精好像很有效，後來它也的確成為暢銷商品。

自此之後，科學家就將一般人會因高深莫測、其實根本不知在說什麼的科學用語而信服的現象，稱為匹賽翁鋅效應＊2。

心理學效應

匹賽翁鋅效應（Zinc Pyrithione Effect）

光是賦予事物一個感覺專業的名稱，以專門術語說明，就算看起來不知道在說什麼，也能莫名讓人覺得信服。

1. Glassman JK. Dihydrogen monoxide: Unrecognized killer. The Denver Post, 28 Oct 1997（p.B7）
2. 清水義範《令人印象深刻的瞬間》，筑摩文庫收錄，2009 年。近藤滋《波紋、螺旋，費波那契》，秀潤社，2013 年。

65

看穿情緒的肢體語言

請想像一下網球賽的場景。

贏了比賽，我們會笑容滿面，做出振臂握拳的勝利姿勢，不論表情或肢體語言都很亢奮。

輸了比賽，則一臉沮喪，垮著肩，不論表情或肢體語言都很落寞。

於是，有實驗請受試者，表現出以下兩個表情和姿勢互為矛盾的狀態。

哪種狀態能讓人心情比較愉快？

❶ 露出笑臉但垮著肩

❷ 一臉沮喪，但振臂握拳

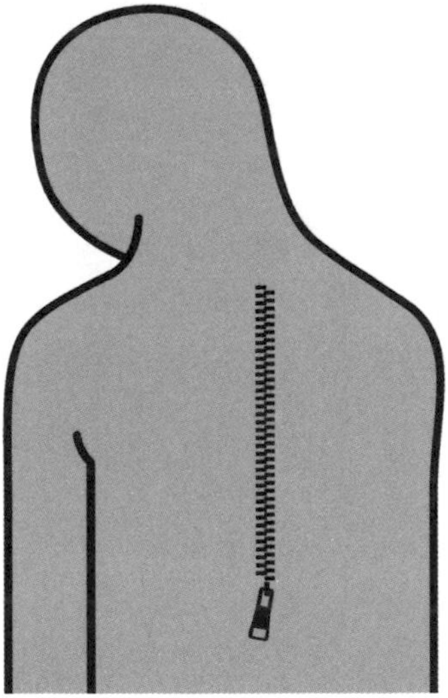

誰才是主角？

Answer 2

一臉沮喪，但振臂握拳

開心時，我們自然會露出笑容，傷心時，神情也就自然落寞。表情是一種溝通的手段。

然而，這不過是表情的功能之一，它也會影響情緒。刻意露出笑容，自然會覺得開心，刻意苦著一張臉，心情也會變差＊1。

身體也是一樣的道理。振臂握拳時，我們會覺得開心、有精神，垮著肩就會感到沮喪。像這樣，從自己的外在行為來推測自己內心、將心理狀態具體化的行為，稱為「自我知覺」＊2。

身體是心靈的開關，表情和姿勢反映出的都是與之相對應的「情緒」。

好，由此就衍生出一個簡單的疑問：表情和姿勢哪個重要？這個狀況題的實驗就是在測試這個問題，藉由讓表情和身體呈現矛盾的狀況，加以確認。

比起表情，我們的情緒更容易受身體姿勢影響＊3。雖然這個結論可能讓人意外，但如果從動物長久的演化來看，這或許是當然不過的事。

從演化的角度來看，用身體表現情緒，比用臉部表情表現情緒更早，因此，大腦跟身體的連結比跟臉來得強。

心理學效應

自我知覺（Self-perception）

人們會透過自己的行為和行為發生的情境，推測與瞭解自己的態度、情感和心情。

1. edenthal PM. Embodying emotion. Science 316:1002-1005, 2007.
2. m DJ. Self-perception: an alternative interpretation of cognitive dissonance phenomena. Psychol Rev, 74:183-200, 1967.
3. iezer H, Trope Y, Todorov A. Body cues, not facial expressions, discriminate between intense positive and negative emotions. Science 338:1225-1229, 2012.

66 正面力量的傳染力

分析職棒選手的個人成績後會發現，任何選手的表現都有高低起伏，狀況好的時候，連續多場比賽都能揮出安打。

那麼，當球隊裡有選手狀況絕佳時，對其他隊友會造成什麼影響？

譬如，若有選手連續三十場比賽都擊出安打，那麼同隊的其他隊友平均打擊率和平常比起來，會呈現什麼狀況？

❶打擊率提升

❷打擊率不變

❸打擊率下滑

干涉

Answer ❶

打擊率提升

一個球員的表現是否良好，不只是自己的問題而已。據研究，球隊內若有選手狀況絕佳，其他隊友的成績也會跟著提升，這稱為傳染效應＊1。

不過，在解讀這種數據時必須留意，因為我們不知道，究竟是由於狀況絕佳的選手扮演領頭羊的角色，導致其他隊友成績也進步；還是球隊氣氛良好，所以造就了狀況絕佳的選手。

因此，身邊如果有人狀況絕佳，絕不可嫉妒、扯後腿，而是要給予支持，因為我們應該也能從中得利。相反地，如果自己狀況絕佳，絕不能驕傲，要感謝團隊提供的良好氣氛。在彼此謙虛以待下，團隊真正的實力就能得到最好的發揮。

不過，能否判斷出狀況好壞是不是出自真實力，又是另一個問題了。關於這點，請參考題目52「逆轉勝的錯覺」。

心理學效應

傳染效應（Contagious Effect）

在群體或社會裡，情緒或行為會迅速散播，讓人會不由自主地模仿或起而效之。

1. Bock JR, Maewal A, Gough DA. Hitting is contagious in baseball: Evidence from long hitting streaks. PLOS One 7: e51367, 2012.

67

癮君子請勿觸法

如果有人在禁菸區抽菸，要怎麼跟對方說，他才會願意接受規勸，不再抽菸？

❶「你這麼做會造成其他人困擾，請收斂一下。」

❷「這裡是禁菸區。」

Answer 2

這裡是禁菸區

人們總認為，「我」是自主的主體，能有意識地進行理性思考，所做的事都是出自自己的思考和意願，盲目地相信自身的主體性。在此自信滿滿的前提下，很討厭受他人指示。

因此，大部分的人如果聽到別人說「請這麼做」或「請不要做什麼」，就會產生反抗心態，覺得「你有什麼權利指使我」。這種心態稱為「抵抗心理」＊1。

另一方面，如果知道是既有的規定，則會因為提出命令的主體不是個人，而是社會共識，就比較不會產生抵抗心理。

事前設定規則，就能減少紛爭與困擾。「禁菸區」和「禁菸席」就是利用這種心態的設計。

但另一方面，規則也有不好的一面。一旦有所規範並設定限制，就會導致「只要不觸犯規則，做什麼都行」的道德低落心態。這種把鑽法律漏洞合理化的心態，我稱為「合法偏見」。就結果來看，只是造成「上有政策、下有對策」的現象，規定只好愈訂愈嚴。

所以，不論職場、家庭、朋友、情侶等的關係都一樣，自然而然地良好發展、而不必訂定規則去規範時，比較能保持良好關係。

心理學效應

抵抗心理（Reactance）

愈叫一個人不要做時，他就偏要做；或是明明知道你在說什麼，但就是偏偏不想停下來的一種心理現象。

1. Brehm SS, Brehm JW. Psychological reactance: a theory of freedom and control. Academic Press, 1981.

68 正面思考的力量

有個實驗將六十歲以上的長者分成兩組，接受以下測試。

第一組，是跟受試者說明「這是心理測驗」，請他們看一下列有二十四個詞彙的詞彙表。

第二組，是跟受試者說明「這是記憶力測驗」，請他們看一下列有二十四個詞彙的詞彙表。

之後，再請受試者看另一張表，請他們找出所有先前詞彙表中出現過的詞彙。

哪一組能正確找出比較多詞彙？

❶ 認為這是心理測驗的第一組，能記得比較多詞彙。

❷ 認為這是記憶力測驗的第二組，能記得比較多詞彙。

Answer ①

認為這是心理測驗的第一組，能記得比較多詞彙

上了年紀的人相信，年紀愈大，記憶力就愈差。結果，他們的記憶力也真的會因應此信念而變差*1。

請看下圖。以為這是記憶力測驗的年長者，分數就比另一組年長者少了將近一半。年輕人則沒有這種現象。

重點是，兩組人做的都是記憶力測驗，但以為是心理測驗的受試者，不論年輕人或年長者都拿到高分。也就是說，記憶力並不會隨著年紀衰退。會覺得自己記憶力衰退，純粹只是因為自我暗示的效果。

據了解，如果讓年輕人看容易聯想到「高齡」的詞彙，如「健忘」、「皺紋」、

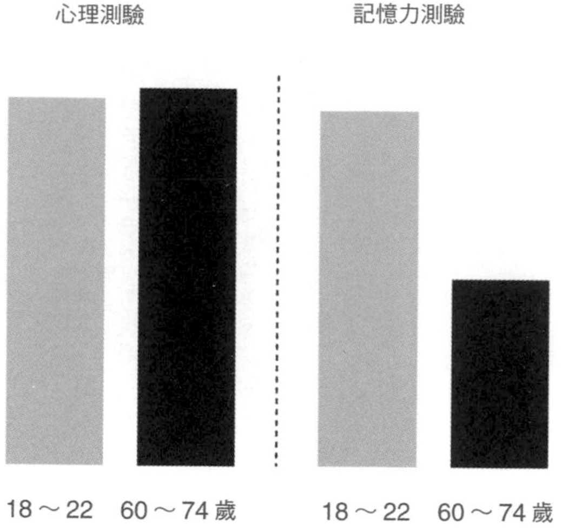

「孤獨」等，他們走路的速度也會像老年人一樣變慢*2。即使只是讓他們不經意看到這些詞彙，而非清楚意識到，也有同樣效果。

反之亦然。如果讓年輕人刻意如同年長者一般，慢慢走五分鐘路，他們也比較容易從詞彙表中找出與「年長」相關的詞彙。

這個心理效應在醫療上尤其重要。即使是無效的假藥，如果醫生跟病人說有效，並當作處方，就真的能在病人身上看到效果*3。愈是可信賴的醫生，或者愈是高價的藥，效果就愈明顯。

顯見正面思考確實很重要！

心理學效應

安慰劑效應（Placebo effect）

相信藥物有效，就真的能感受到效果。

1. Thomas AK, Dubois SJ. Reducing the burden of stereotype threat eliminates age differences in memory distortion. Psychol Sci 22:1515-1517, 2011.
2. Bargh JA, Chen M, Burrows L. Automaticity of social behavior: Direct effects of trait construct and stereotype activation on action. J Pers Soc Psychol 71:230-244, 1996.
3. Gensini GF, Conti AA, Conti A. Past and present of "what will please the lord": an updated history of the concept of placebo. Minerva Med 96:121-124, 2005.

69

以貌取人

迷路時，在附近正好有兩位男性。
在此情況下，多數人會向哪位男性問路？

❶ 外表看起來乾淨清爽的男性

❷ 頭髮亂糟糟且沒刮鬍子的男性

人不可貌相

Answer ❶

外表看起來乾淨清爽的男性

我們在評斷他人時，並不會仔細觀察對方，而是從明顯的外觀特徵做整體判斷＊1，這稱為月暈效應。

所謂月暈，就是描繪聖者的圖畫中，他們頭上的那一圈光環。由於光環散發出強烈光芒，讓人不禁加以注視，所以這種容易受他人特徵左右的現象，才稱為月暈效應。

雖然我們常說「人不可貌相」，但還是會想跟外表乾淨清爽的男性問路，這是人之常情。說到底，我們確實會從人的外表，判斷他人的個性及智能。

比方說，要是有個美女犯了竊盜罪，一般人會覺得「她一定是有什麼苦衷吧」，而覺得該從輕量刑；但要是美女犯了詐欺罪，一般人就會認為「她用美貌蠱惑欺騙他人，真是不可取」，而覺得該加重刑責＊2。

崇尚名牌的心態及粉絲的心理，也都和月暈效應有關。

相反的，也有反月暈效應。例如，即使是整體表現出色的商品或書籍，如果有人發現了一點瑕疵，整體評價就可能因此下滑，有時甚至遭受不當批評。

附帶一提，有些人抓著別人一點小失誤，就洋洋得意覺得好像發現什麼重大疏失，會有這種行為的人，經常是對自己評價較低的人。

心理學效應

月暈效應（Halo Effect）

又稱光環效應。是一種以偏蓋全的主觀心理臆測。這是指當某個人有些正面（或負面）的特質時，我們也會輕易判斷他必定擁有其他正面（或負面）的特質。就像我們肉眼看到的月亮，並非實際的月亮大小，而是包含了月亮的亮光一樣。

1. Thorndike EL. A constant error in psychological ratings. J Appl Psychol 4:25-29, 1920.
2. Ostrove N, Sigall H. Beautiful but dangerous: Effects of offender attractiveness and nature of the crime on juridic judgment. J Pers Soc Psychol 31:410-414, 1975.

70

為什麼我們會迷信？

有個以鴿子為對象的實驗。實驗中設計一個裝置，只要蜂鳴聲響起，按下開關，飼料就會出現。將鴿子放入裝置內，鴿子就能學會在正確時間按下開關，得到飼料。

實驗中也另外設計一個飼料會突然出現的裝置，但飼料出現的時機，與蜂鳴聲或開關都無關。那麼，鴿子會有什麼反應？

❶ 一直等待飼料出現

❷ 跳起奇妙的舞蹈

信心堅定

Answer 2

跳起奇妙的舞蹈

飼料突然出現，會讓鴿子搞不懂因果關係，而當不明白原因時，動物的大腦就會想尋找出「規則」。所以，鴿子會誤以為自己的某個姿勢，與飼料出現有關，開始重複那個姿勢。

在此實驗中，有的鴿子會一直繞圈，有的會搖頭，各有一套固定動作，也就是變成在進行「儀式」＊1。

動物的大腦習慣從經驗中找出規則，就算經驗次數很少也一樣，這稱為「小數法則」。偶然出現的狀況只要重複兩、三次，我們就會覺得「下次一定還是如此」，很難不想將它規則化＊2。這也是迷信之所以產生的理由。

每個人應該都有自己開運、討吉利的方式吧，像是幸運色或幸運內衣等。但大部分情況下，那不過是根據少數成功經驗就定型化的「儀式」罷了。

慣例很難改變，這稱為「抗拒消弱」，而且若受到確認偏誤（參考狀況題26）的增強，就會發展成強烈的信念。

像是帶來惡運的事物、厄年等這些社會上的一般認知，多數也是從這個原理而來。

心理學效應

小數法則（Law of Small Numbers）

人們會將小樣本中某事件的機率分佈看成是整體分佈的狀況。

抗拒消弱（Resistance to Extinction）

習慣一旦養成，就很難改變。

1. Skinner BF. 'Superstition' in the pigeon. J Exp Psychol 38:168-172, 1947.
2. Walton D. Rethinking the fallacy of hasty generalization. Argumentation 13:161-182, 1999.

71

這個算命的超級神準！

去算命時，算命師說：「你外表看起來雖然剛強，但個性內向謹慎，有時候會想太多。」

聽到這番話，多數人會有什麼想法？

❶ 說得真準！

❷ 這算命師根本不了解我。

下一位，請

Answer ❶

完全說中

多數人的個性，應該都符合這算命師的敘述吧。

但是，聽到別人以這種泛泛之論形容我們，我們卻不會意識到「這種敘述，套在任何人身上都適用」，而是覺得說得太準了＊1。

這種相信「只有自己吻合」、「這話根本是在說我」的心態，稱為巴納姆效應，廣泛應用在星座占卜及血液占卜中。尤其當評論者是該領域的權威，或是敘述內容正向時，這種效應更明顯＊2。

這個效應在提供諮詢時很好用，尤其是不太清楚對方個性時，用正好相反的兩種性格來形容對方，特別有效。

——你看起來雖然開朗，但內心其實很糾結耶。

——你雖然有務實的一面，但意外地也很浪漫。

如此一來，對方一定會覺得「我來請教他真是太好了，他好了解我」，而信任你。

心理學效應

巴納姆效應（Barnum Effect）

每個人都會很容易相信一個籠統的、一般性的人格描述特別適合自己。即使這種描述十分空洞，或自己根本不是這種人，但仍然認為這反映了自己的人格面貌。

1. Forer BR. The fallacy of personal validation: A classroom demonstration of gullibility. J Abn Soc Psychol 44:118-123, 1949.
2. Dickson DH, Kelly IW. The 'Barnum effect' in personality assessment: a review of the literature. Psychol Rep 57:367-382, 1985.

72

最有魅力的顏色

有項實驗利用電腦繪圖，將一張女性照片中的服裝都調整為同樣的顏色，並詢問受試者的看法。

請男性投票選出最有魅力的服裝時，最受歡迎的會是哪個顏色？

❶ 黑
❷ 白
❸ 紅
❹ 藍
❺ 綠
❻ 黃

我是你的顏色

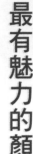

Answer 3

紅

衣服的顏色會給人什麼印象？

研究顯示，紅色衣服被選為最有魅力的服裝＊1，尤其是對男性更深具吸引力，這個傾向放諸四海皆準＊2。而且，不需整件衣服都是紅色，只要口紅、耳環、包包等整體造型中有個部分是紅色，就有效果＊3。

一般認為，我們之所以受紅色吸引，是因為它讓人聯想到血液。與氧氣結合的血紅素呈現出的鮮紅色，代表心肺健康。尤其是肌膚呈血色、微血管擴張的狀態，正是朝氣蓬勃活著的證明。我們對紅色敏感，因此會注意到這種人。

研究顏色對於心理會產生何種作用的色彩心理學，也應用在許多領域。

比方說，有實驗顯示，使用藍色路燈能減低犯罪率，車站月台上使用大片藍色，也可減少自殺率。而商店櫥窗及危險警告標示，則使用紅色，以吸引注意。

眾所周知，在拳擊賽和摔角賽中，紅角的選手勝率比藍角的選手高＊4。在足球賽罰球時，守門員穿的如果是紅色球衣，對手的進球成功率會較差。

1. Elliot AJ, Niesta D. Romantic red: Red enhances men's attraction to women. J Pers Soc Psychol 95:1150-1164, 2008.
2. Elliot AJ, Tracy JL, Pazda AD, Beall AT. Red enhances women's attractiveness to men: First evidence suggesting universality. J Exp Soc Psychol 49:165-168, 2013.
3. Stephen ID, Mckeegan AM. Lip colour affects perceived sex typicality and attractiveness of human faces. Perception 39:1104-1110, 2010.

和血液同色的紅色也是危險訊號，因此選手在比賽中看到紅色，戰鬥意志和競爭心都會受挫。

附帶一提，在柔道比賽中，著藍色柔道服的選手，致勝率比穿白色柔道服還來得高＊5。

心理學效應

色彩心理效應（Color Psychological Effect）

不同的色彩會給人們帶來不同的感受，進而改變印象和成果。

4. Hill RA, Barton RA. Red enhances human performance in contests. Nature 435:293, 2005.
5. Rowe C, Harris JM, Roberts SC. Seeing red? Putting sportswear in context. Nature 437:E10, 2005.

73

為什麼開好車的人容易闖紅燈？

有項實驗，是將路上行駛的車輛，分為高級車款與普通車款兩種等級，然後觀察車主的行車狀況。

請問，哪種車的駕駛比較不守交通規則？

❶ 高級車款的駕駛

❷ 普通車款的駕駛

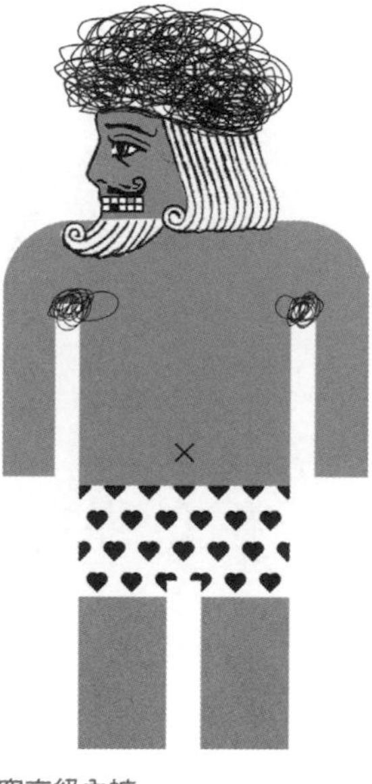

穿高級內褲

Answer ❶

高級車款的駕駛

不等行人確實通過斑馬線就開車的比率，普通車款是三十五％，高級車款是四十七％。至於闖紅燈的比率，普通車款是十二％，高級車款也比較高，是三十％＊1。

不只是開車，一般來說，社會地位愈高的人，愈可能做出不符道德的行為。

有項實驗是請志工擔任面試官，與求職者面談，以決定對方的薪水。不過，雖然求職者希望找長期穩定的工作，但這項職缺卻是不久後就會到期撤除的短期工作。在此情況下，社會地位愈低的志工，愈會坦白告訴求職者詳情；社會地位高的志工反倒比較會隱瞞事實＊1。

有趣的是，如果讓社會地位低的人覺得「自己的社會地位高」，他們一樣會變得貪心，比較不重視道德。這表示，道德低落的人並非生來如此，而是由於覺得自己「高人一等」的優越意識使然。

再者，若先告知受試者「對金錢的欲望不是罪惡」，再進行實驗，則低下階層表現出的自大態度，會比上流階層的人更惡劣。

不過，有句俗語說得好：稻穗愈豐實，頭垂得愈低。

心理學效應

上流階級偏誤（Upper Class Bias）

社會地位高的人，更容易做出比較不符道德的行為。

1. Keltner D. Higher social class predicts increased unethical behavior. Proc Natl Acad Sci USA 109:4086-4091, 2012.

第五章

眼見為憑，過目不忘？才怪！

——記憶與注意力的心理陷阱

74

選擇性的視界

有人拿了兩張異性的照片問你：「哪一位是你喜歡的類型呢？請指出來。」於是，你指出喜歡的那一位。

事實上，對方是魔術師，他偷偷調換照片後，將另一張照片，也就是你比較不感興趣的異性照片交給你。

當你看著對方遞來的照片時，能發現照片上的人，其實是原本不吸引你的那一位嗎？

❶ 能發現不是同一個人

❷ 不能發現不是同一個人

你喜歡哪一型？

Answer 2

不能發現不是同一個人

如果有個陌生女子向你問路，但就在你端詳地圖、尋找對方的目的地之際，這時問路的女性換成了另一個女性。不知道此事的你抬起頭來看著對方，告訴她該怎麼走。這時，你能發現對方不是剛才問路的人嗎？

據研究顯示，居然有九成的人沒能發現。

大腦無法察覺變化的這種習性，稱為「改變盲視」＊1。

本題的情境也一樣，竟然有八成以上的人，沒發現照片被調包。不過，這種情況是沒有察覺到自己的選擇，所以不稱為「改變盲視」，而稱為「選擇盲視」＊2。

事實上，這個選擇盲視的實驗，接下來更值得玩味。

若問受試者：「為什麼你喜歡這一類型的人？」他們幾乎都是一邊看著手中照片，一邊舉出那個人（也就是他們本來較不感興趣的人）的特徵做為理由，像是「他的臉圓圓的，感覺個性很溫柔」、「因為他的眉宇之間給人一種知性的感覺」。

也就是說，大腦會為了要給予理由而編造出一套說法。而且，當事人是打從心底以為，自己說的理由確實是「真正的理由」。

不論是誰，也都有過類似的情況。「為什麼你喜歡那個食物？」、「為什麼你從事那項職業？」、「為什麼你會跟他結婚？」、「為什麼你喜歡這首曲子？」當有人問我們這類問題時，我們脫口而出的「理由」，多半是編造出來的。

真正的理由，其實潛藏在自己也無法到達的潛意識中。在我們無所知悉之處明明存在著真正的理由，但我們卻堂而皇之說出虛構的理由而不以為恥。

人就是這麼可憐，無法察覺自己在說謊。只是，這樣的情況下，有時也有其天真可愛之處。

心理學效應

選擇盲視（Choice Blindness）

我們有時候無法知道自己真正想選擇的是什麼，當選擇結果揭曉時，我們就為之找一個合理的藉口。

1. Simons DJ, Levin DT. Change blindness. Trends Cog Sci 1:261-267, 1997.
2. Johansson P, Hall L, Sikström S, Olsson A. Failure to detect mismatches between intention and outcome in a simple decision task. Science 310:116-119, 2005.

75

記憶是不可靠的朋友

請利用十秒鐘，觀看左方的詞彙表。這個表格列了很多感覺很好吃的食物呢。

好，現在請用手遮住詞彙表，回答以下問題。

以下有哪個詞出現在詞彙表中？

❶ 味道

❷ 甜的

❸ 硬的

零食	砂糖	唾液
美味的	羊羹	
牛軋糖	味道	吃
霜淇淋	甘納豆	
果汁	零食	香草
草莓	餅乾	蜂蜜
巧克力	好吃的	
酸酸甜甜的	柑橘醬	
餡餅	食欲	派

Answer ①

味道

應該有不少人會自信滿滿地回答「②甜的」吧，但正確答案是「①味道」。

研究顯示，多數人會錯誤回憶起根本不存在的答案＊1＊2。

為什麼我們在回想時會犯這種錯誤？只要想想「記憶」原本的目的，就能明白。

記憶的目的，是為了考試考高分嗎？是為了記住好幾萬位數的圓周率嗎？當然不是。

記憶，是要送達訊息給未來的自己，它只有在對未來的自己有幫助時才有意義。因此，記憶內容會為了變得有用而出現錯誤。

前面的詞彙表列出很多甜食，因此，以掌握整體意義的角度記住「甜的」這個概念，實際上比較有幫助。記憶的機制，並不是只要記住正確的事物就好。

但以電腦來說，要它忽視「味道」這個的確存在的詞彙，而回答「甜的」，卻非常困難。所以，大腦能瞬間做出這麼難的巧妙判斷，真的很了不起。

心理學效應

記憶錯誤（Paramnesia）

人們會回憶那些沒有出現過的事件，或者對經歷過的事件產生的錯誤回憶。

1. Stadler MA, Roediger HL, McDermott KB. Creating false memories: Remembering words not presented in lists. J Exp Psychol 21:803-814, 1995.
2. Stadler MA, Roediger HL, McDermott KB. Norms for word lists that create false memories. Mem Cog 27:494-500, 1999.

76

被語言改變的記憶

有個實驗，讓兩組人看六張不同人物的照片。

其中一組看照片時，也會聽到人物特徵的說明，例如「這個人鼻子很挺」、「這個人禿頭」等。另一組則只是單純看照片。

一週後，再請這兩組人看十個人的照片，並問他們，照片中哪個人是先前六人之一。

請問哪一組的成績比較好？

❶ 聽過說明的那一組

❷ 沒聽過說明的那一組

我們是……

Answer ❷

沒聽過說明的那一組

語言是方便的工具，但並不完美。

比方說，在山頂眺望壯觀落日景緻的感動，或是觀賞傑出藝術作品而觸動心靈時的悸動，應該都是「言語無法形容」吧。要是勉強訴諸語言，則堆疊出來的言詞會有種莫名的虛假感，感覺很多餘，讓人不太自在。

所謂訴諸語言，是聚焦於似乎比較容易用語言呈現的部分，將之截取下來、加以強調，但有時反而會使事實有所扭曲。

在這個狀況題中，受試者的記憶即因聽到的說明而有所扭曲，反倒很難回想起正確答案＊1。也有研究顯示，事件目擊者若告訴警察犯人的特徵，之後看到犯人時，就會很難正確指認出來＊2。

心理學效應

語文遮蔽效應（Verbal Overshadowing Effect）

當所需要記憶的事件難以用語言來把握時，詞語化可能反而會有損記憶，導致記憶錯覺。

1. Schooler JW, Engstler-Schooler TY. Verbal overshadowing of visual memories: some things are better left unsaid. Cogn Psychol 22:36-71, 1990.
2. Loftus EF, Zanni G. Eyewitness testimony: The influence of the wording of a question. Bull Psychonomic Soc 5:86-88, 1975.

77

是度日如年，還是光陰似箭？

今天某國中舉行畢業典禮。

回顧三年來的校園生活，多數畢業生會有什麼感想？

❶ 三年過得好快啊！

❷ 真是漫長的三年！

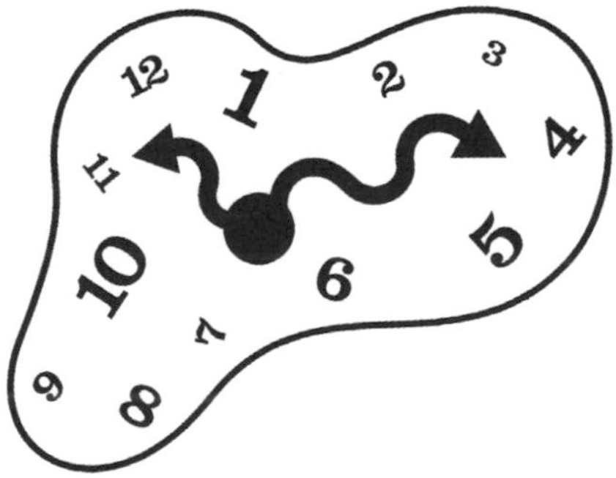

固執的記憶

Answer ①

三年過得好快啊！

我們在年底或畢業典禮這種一個階段的結束之際回顧過去時，會覺得時間一下子就過去了。

但活動或災難等事件，就算發生很久，我們卻會意外地感覺那是最近發生的事。比方說，任天堂的遊戲「大人的DS腦力鍛鍊」曾在日本紅極一時，但那已經是十年以上的事了。要是知道已經那麼久了，應該有人會嚇一跳吧。

不論什麼事，只要回頭看，都會有種時間一下子就過去的感覺。年紀愈大，愈覺得時間過得很快，或許是因為可回顧的過往變多了*1。附帶一提，上了年紀的人常回想到的過去，多是十多歲到二十多歲的事*2。

另外，相反地，最近發生的事，我們卻會

覺得似乎比實際上久。例如搬家或發生災害等生活環境出現重大變化時，我們意識到確切時間後，可能會有類似「才十天而已嗎？」的驚訝感。

總之，我們會伸縮調整心理上的時間，將過去調成最近，最近調成過去*2，這稱為「望遠鏡伸縮效應」。

心理學效應

望遠鏡伸縮效應（Telescoping Effect）

記憶中將近期的事情往更早期推移，遙遠的事情則往更近期移動，因此近期的事情變得更加遙遠，而遙遠的事情變得更加靠近。

1. Friedman WJ, Janssen SMJ. Aging and the speed of time. Acta Psychol 134:130-141,2010.
2. Jansari A, Parkin AJ. Things that go bump in your life: Explaining the reminiscence bump in autobiographical memory. Psychol Aging 11:85-91, 1996.
3. Janssen SM, Chessa AG, Murre JM. Memory for time: How people date events. Mem Cog 34:138-147, 2006.

78

顯高又顯瘦的穿衣技巧

穿哪件衣服看起來會比較瘦？

❶ 直條紋的圖案

❷ 橫條紋的圖案

看起來苗條嗎？

Answer ①

直條紋的圖案

右下圖是稱為「橫豎錯覺」的視錯覺＊1。雖然圖中的直線和橫線一樣長，但我們會感覺直線比較長，這是因為直線看起來有種延伸感。

狀況題的例子就是使用這種錯覺，如果再加上深色皮帶，營造出橫線的效果，直線看起來就會更長。再者，如同左下圖般，直條紋的間隔若變窄，效果也會更顯著。

至於男性，比起單穿白襯衫，再加一條深色領帶，看起來會更修長。

心理學效應

橫豎錯覺（Fick Illusion）

兩條長度相等的線段，當一條垂直於另一條的中點時，垂直線段看起來會比水平線段長一些。

1. ick A. Da errone quodam optic asymmetria bulbi effecto. Marburg, 1851.

79

開燈睡覺容易近視？

英國權威科學雜誌《自然》（*Nature*）曾發表一篇論文提到，兒童睡覺時開燈，長大後近視的可能性很高*1。

調查結果發表後，多數家長會有什麼反應？

❶ 在孩子睡覺時確實關燈

❷ 不在意，繼續開著燈睡

Answer ①

在孩子睡覺時確實關燈

身為父母，當然會想為了孩子的將來，盡量採取對他們有利的做法。

不過，看科學數據，一定要意識到「因果關係」與「相關」（correlation）的不同。「因為兒童睡覺時開燈，所以長大近視的可能性很高」，跟「看起來與造成近視相關」，是完全不同的事。

在上述論文發表後，有其他研究者指出「近視是由於遺傳」＊2，父母如果近視，孩子因為遺傳的緣故，近視的比率也會較高。也就是說，很多父母之所以在孩子睡覺時開夜燈，是因為他們本身有近視，無法在黑暗中清楚看到孩子的狀況。

後來，對前述調查結果的解讀，變成「即使睡覺時關燈，孩子近視的比例也不會改變」。

只要兩件事有關連，我們的大腦就會一廂情願認為其中必有因果關係＊3。

尤其是讓人印象深刻的事，我們會只憑一次事件就歸納出因果關係，例如：「那個地震事前有預兆」、「他會罹患癌症，是因為抽菸」、「我之所以考上，是因為去神社許願」。

1. Quinn GE, Shin CH, Maguire MG, Stone RA. Myopia and ambient lighting at night. Nature 399:113-114, 1999.
2. Gwiazda J, Ong E, Held R, Thorn F. Myopia and ambient night-time lighting. Nature 404:144, 2000.
3. Plous S. The psychology of judgment and decision making. McGraw-Hill, 1993.

愈是情緒激動、無法自制時，愈容易誤判因果關係＊4。另一半出軌、朋友背信、客戶有陰謀……，如果你覺得這些不好的事似乎老是發生在自己身上，請先確認自己是否處於冷靜狀態吧。

對專家而言，這樣的認知偏見也會產生問題。像是「砂糖是否會導致肥胖」、「早期教育是否有效」、「二氧化碳是造成地球暖化的原因嗎＊5」……，就連科學家要冷靜證明出因果關係也很困難。

心理學效應

錯覺相關（Illusory correlation）

因為刻板印象的緣故，把僅有一點關係或根本毫無關聯的兩件事連結在一起。

幻想性錯覺（Pareidolia）

把實際存在的事物，透過主觀的想像，錯誤地解讀成與原有的事物完全不同的事物。

4. Whitson JA, Galinsky AD. Lacking control increase illusory pattern perception. Science 322:115-117, 2008.
5. Pielke Ra Jr, Oreskes N. Consensus about climate change? Science 308:952-954, 2005.

80 眼見未必為真

下圖是很多人都知道的視覺錯覺。雖然上下兩條橫線長度相同，但下面的橫線看起來較長。

請你用拇指和食指捏住橫線兩端。請問，捏住哪條線時，你會想將兩指間的距離拉開一些？

❶ 要捏住上面的線時，兩指張得較開

❷ 要捏住下面的線時，兩指張得較開

❸ 一樣

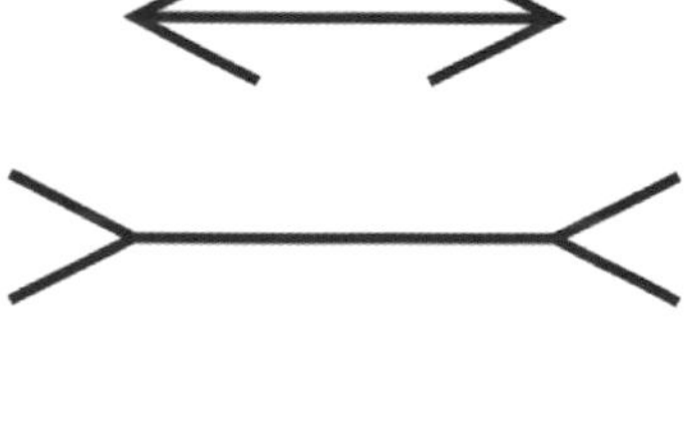

Answer ③

一樣

就算我們有意識地覺得，兩條線看起來不等長，但身體卻能正確行動。有實驗拍下受試者捏住線段的畫面，再以慢動作播放加以分析，結果發現，受試者從一開始張開兩指想捏住線段開始，不論捏哪個線段的兩指距離都相同＊1。也就是說，我們只有意識受騙，但身體卻知道正確答案。

反之，也有意識比身體更清楚正確答案的現象。例如，搭電梯時，若電梯故障，停止運行，我們就會有一種怪怪的感覺＊2——明知電梯已停止運行，但身體卻像平常搭電梯時那樣，重心會稍微往前，因此，出現感覺和動作不一致的狀況。

就像這樣，身體和意識的作用不一定一致。

另外，視覺錯覺的例子很多，本書在之後的章節也整理出一些典型的例子。

有趣的是，這種強烈的視覺錯覺，幾乎不會發生在嬰幼兒身上。先天失明，成人後才動手術初見光明的成人，也不會有這種視覺錯覺。亦即，這類視覺錯覺是後天才植入我們大腦迴路的誤解，也就是一種認知偏誤。

這讓人想起諾貝爾和平獎得主曼德拉的話：「任何人都不是一生下來，就會以種族和宗教來區隔他人。」

心理學效應

慕勒．萊爾錯覺（Müller-Lyer Illusion）

兩條等長的平行線，人們會覺得箭頭向外者的距離較遠。

1. Otto-de Haart EG, Carey DP, Milne AB. More thoughts on perceiving and grasping the Müller-Lyer illusion. Neuropsychologia 37:1437-1444, 1999.
2. Reynolds RF, Bronstein AM. The broken escalator phenomenon. Exp Brain Res 151:301-308, 2003.

◆ 字串傾斜錯覺
（Character String Tilt Illusion）

一串文字不斷重複並排後，該行字看起來會有傾斜的效果。

大阪府大阪府大阪府大阪府大阪府大阪府大阪府大阪府大阪府
大阪府大阪府大阪府大阪府大阪府大阪府大阪府大阪府大阪府

府阪大府阪大府阪大府阪大府阪大府阪大府阪大府阪大府阪大
府阪大府阪大府阪大府阪大府阪大府阪大府阪大府阪大府阪大

大阪府大阪府大阪府大阪府大阪府大阪府大阪府大阪府大阪府
大阪府大阪府大阪府大阪府大阪府大阪府大阪府大阪府大阪府

[J Vision Soc Jpn, 17:259, 2005]

◆ 長棒與方框錯覺
（Rod-Frame Illusion）

框住長棒的方框一傾斜，理當垂直的長棒看起來也像歪一邊。

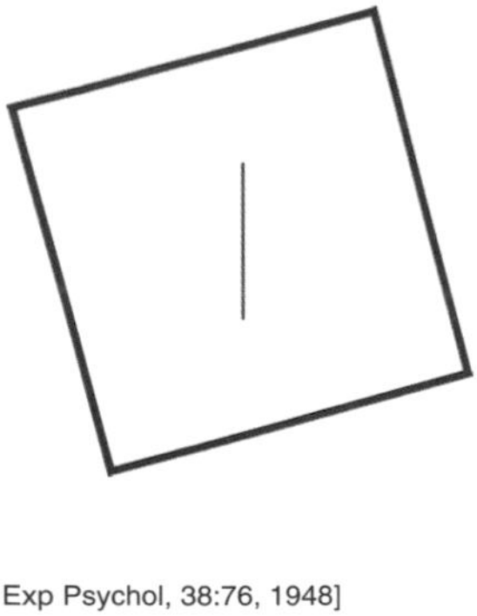

[J Exp Psychol, 38:76, 1948]

◆ 魯賓花瓶
（Rubin Vase）

注意黑色部分，會看到一只花瓶；若注意白色部分，會看到兩張側臉。這是一種視覺陷阱。

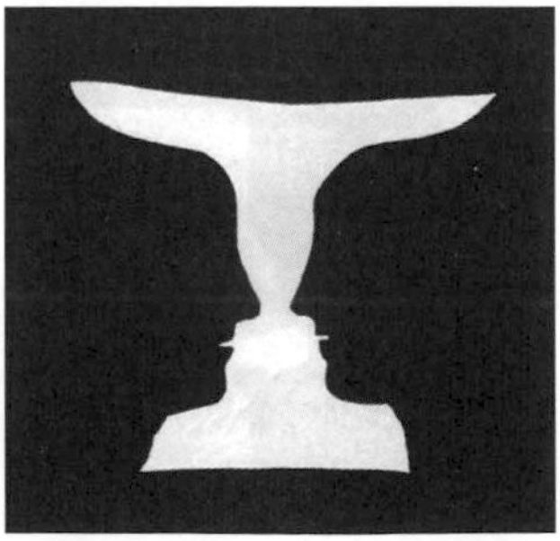

[Rubin, Synsoplevede Figurer, 1915]

◆ 慕勒・萊爾錯覺
（Müller-Lyer Illusion）

在兩條長線交會後形成的夾角內側，橫線會因位置不同，看起來長短不一。

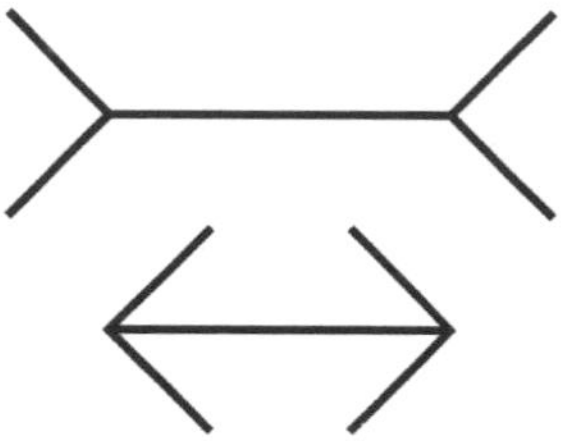

[Arch Gesamte Psychol, 16:307, 1911]

◆ 龐佐錯覺
（Ponzo Illusion）

[→見題目80]

兩條同長的線段，卻因兩端的箭頭方向不同，看起來不等長。

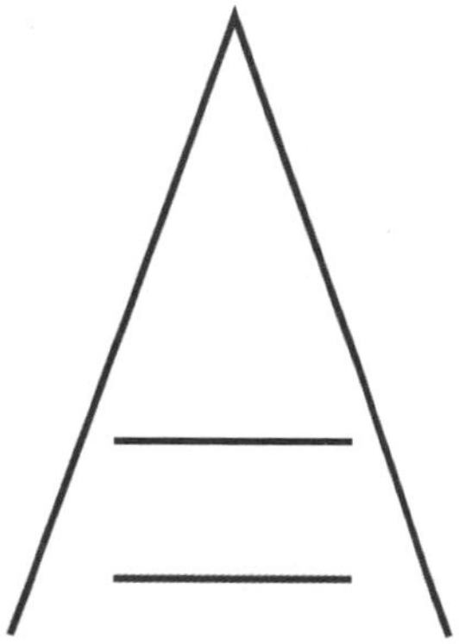

[Zeitschrift Psychol, 3:349, 1892]

◆ 繆斯特貝格錯覺
（Münsterberg Illusion）

上下兩邊的正方形位置錯開，使中間的水平線看起來歪斜。

[Psychol Rev, 5:233, 1898]

◆ 鮑德溫錯覺
（Baldwin Illusion）

兩條同長的線段，卻因兩端正方形的大小不同，看起來不一樣長。

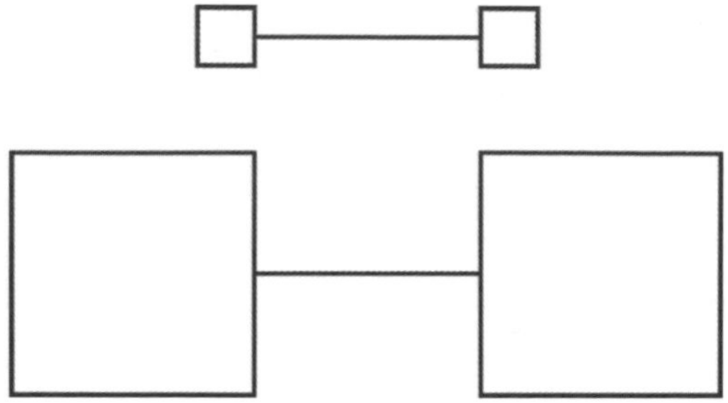

[J Exp Psychol, 84:311, 1970]

◆ 潘洛斯三角
（Penrose Triangle）

細看之下，會感覺很矛盾而不合理的圖案。

[Reutersvärd, Opus 1, 1934]

◆ 波根多夫錯覺
（Poggendorff Illusion）

斜線被切開後，看起來就不像是一直線，感覺彷彿錯開。

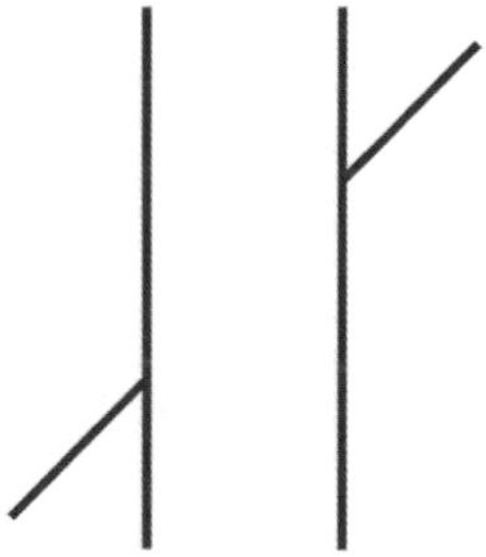

[Annal Physik, 186:500, 1860]

◆ 亥姆霍茲角度擴大錯覺（Helmholtz's Angle Expansion）

以直線構成的扇形，角度看起來比90度大。

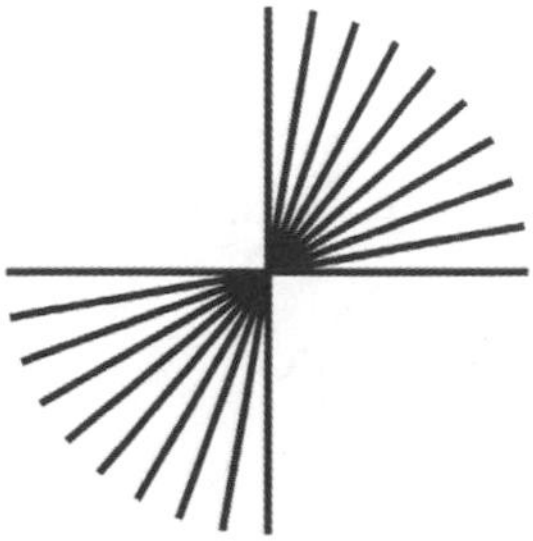

[Helmholtz, Handbuchder Physiologischen Optik, 1866]

◆ 赫林錯覺（Hering Illusion）

兩條平行的直線，在放射線的背景下，看起來彷彿往外膨脹。

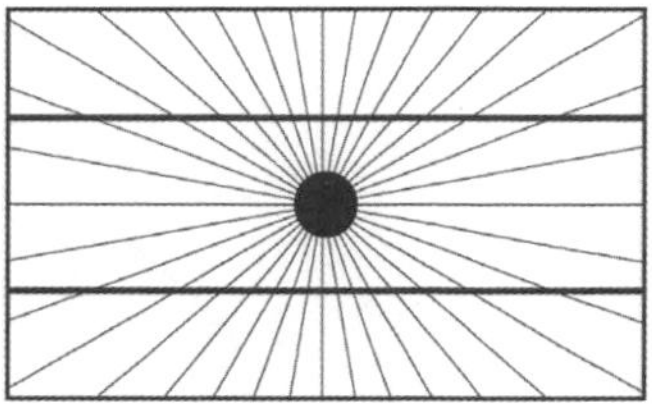

[Hering, Beiträge zur Physiologie, 1861]

◆ 亥姆霍茲正方形（Helmholtz Square）

黑線的方向，讓正方形看起來像是長方形。

[Helmholtz, Handbuchder Physiologischen Optik, 1866]

◆布倫瑞克錯覺（Brunswick Illusion）

兩條彎度相同的弧線，因上下兩條線的曲率不同，彎度看起來也不一樣，又稱為霍夫勒曲率對比圖（Höfler Curvature-contrast Figure）。

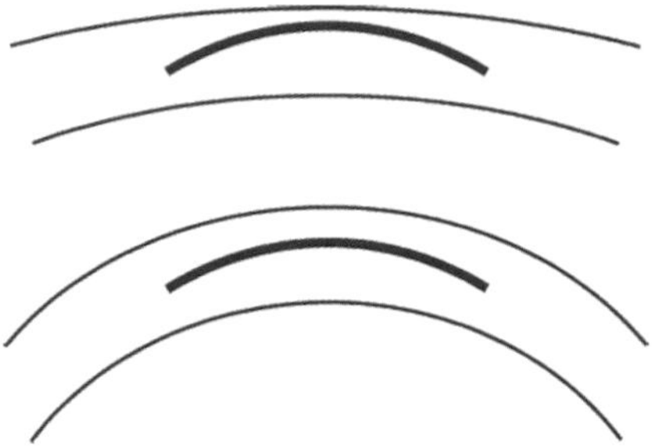

[Lipps, Raumästhetik und Geometrisch-Optische Täuschungen, 1897]

◆弗雷澤錯覺（Frazer Illusion）

明明是幾個同心圓，看起來卻呈漩渦狀。

[Brit J Psych, 2:307, 1908]

◆弗雷澤—威爾科克斯錯覺（Fraser-Wilcox Illusion）

明明是靜止的圖案，看起來卻像在旋轉。

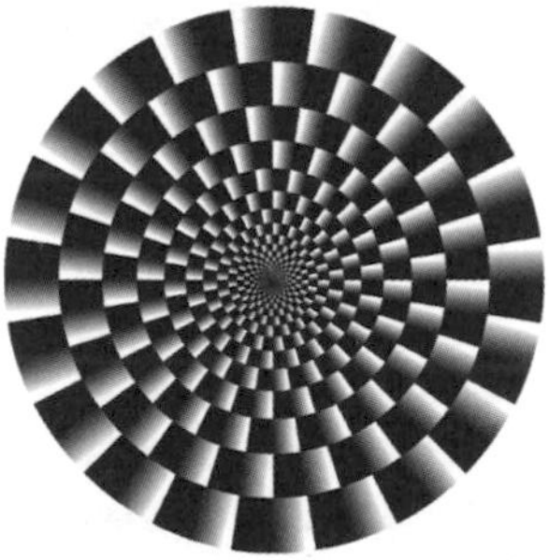

[Nature, 281:565, 1979]

◆平納錯覺
（Pinna's Illusion）

明明是幾個同心圓，看起來卻呈漩渦狀。

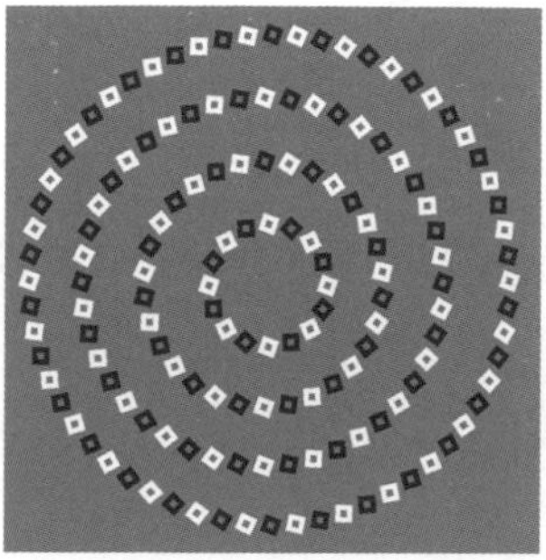

[Perception, 31:1503, 2002]

◆橫豎錯覺
（Fick Illusion）

[→見題目78]

直條看起來比橫條長。

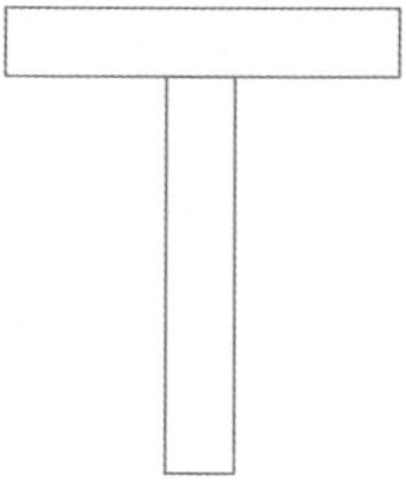

[Fick, Da Errone Quodam Optic Asymmetria Bulbi Effecto, 1851]

◆伯根錯覺
（Bergen Illusion）

在此構圖下，白色圓點看起來像是在閃爍。

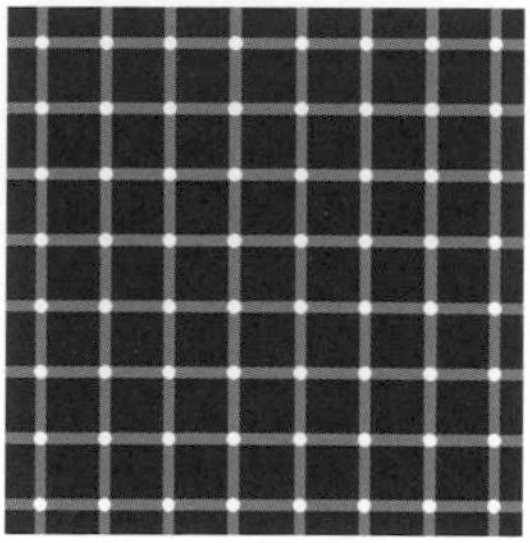

[Invest Ophth Vis Sci, 26:280, 1989]

◆德波夫錯覺（Delboeuf Illusion）

同樣大小的兩個圓，會因外圓的大小看起來而顯得不一樣大。

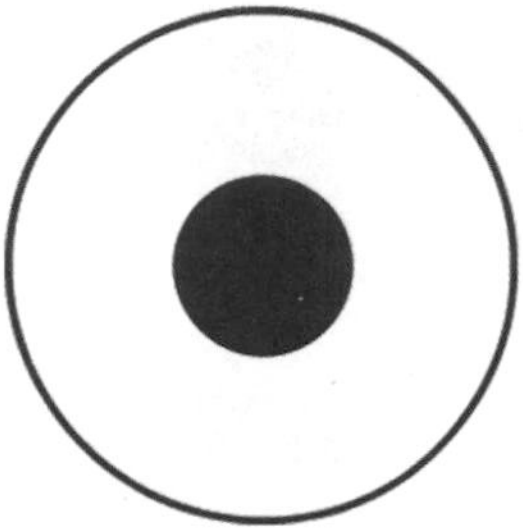

[Bull Acad Royal Sci, Lett Beaux-arts Belgique, 19:195, 1865]

◆戴氏正弦錯覺（Day's Sine Illusion）

用等長的線段畫出正弦波，則頂端和谷底看起來會比較粗。

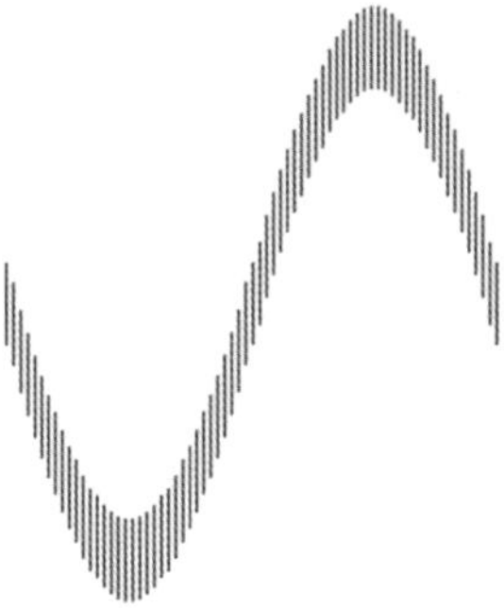

[Perception, 20:49, 1991]

◆赫曼方格錯覺（Hermann Grid Illusion）

黑色正方形之間的空隙，看起來似乎有灰色的正方形。

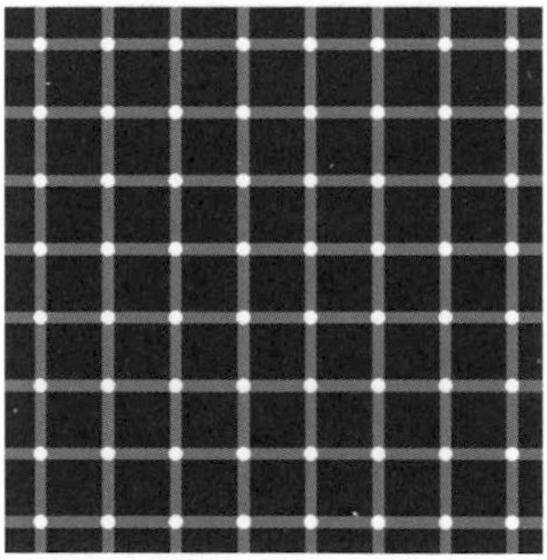

[Pflüg Arch Gesamte Physiol, 3:13, 1870]

◆ 左氏錯覺（Zöllner Illusion）

短線的存在，讓平行的長線看起來變得不平行。

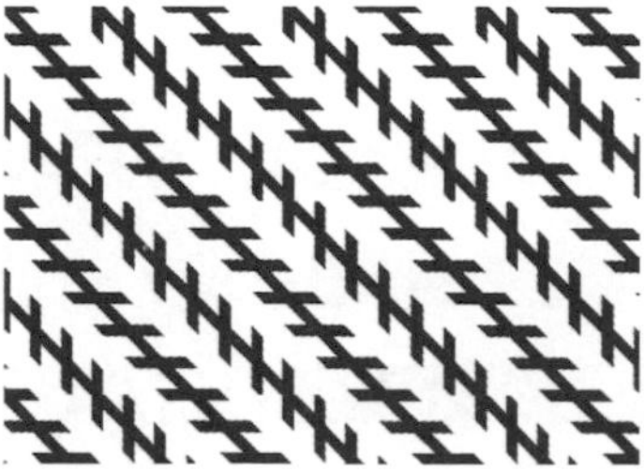

[Annal Physik 186:500, 1860]

◆ 恰步錯覺（Chubb Illusion）

雖然是同樣圖案，但由於背景不同，看起來就不一樣，也稱為安德森錯覺（Anderson Illusion）。

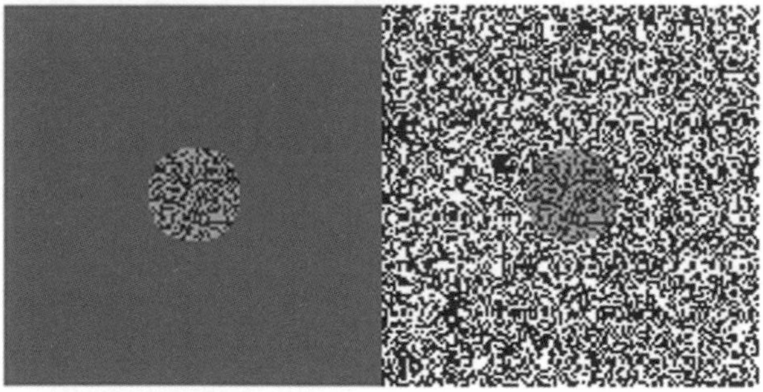

[Proc Natl Acad Sci USA, 86:9631, 1989]

◆對比效應（Contrast Effect）

同樣的灰色，卻因背景的差異，看起來深淺不同。

[J Exp Psychol, 38:310, 1948]

◆棋盤陰影錯覺（Checker Shadow Illusion）

A和B明明顏色相同，看起來卻不一樣。

[Science, 262:2042, 1993]

◆施洛德樓梯（Schröder's Staircase）

哪面牆才是前面，有兩種不同的解讀角度，為等尺寸錯（Isometric Illusion）的一種。

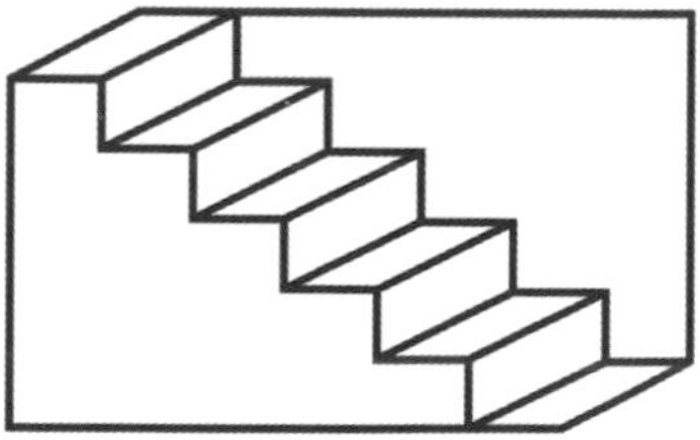

[Annal Physik, 181:298, 1858]

◆ 喬瓦內利錯覺（Giovanelli Illusion）

由於外圍圓圈的位置不同，內部的小圓形看起來也好像錯開。

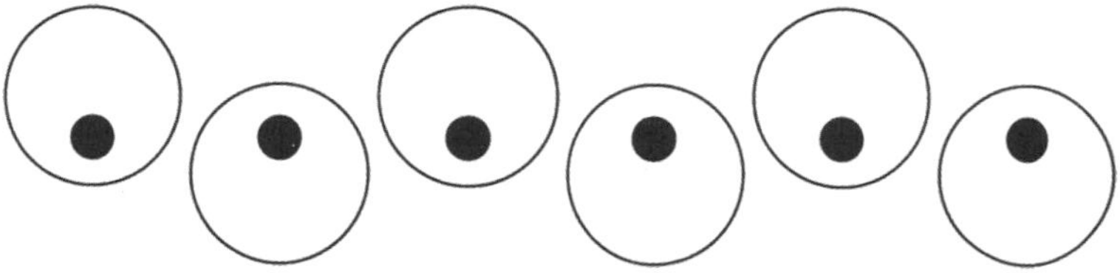

[Rivista Psicol 60:327, 1966]

◆ 賈德錯覺（Judd Illusion）

黑點明明位於線段中央，看起來卻不是如此。

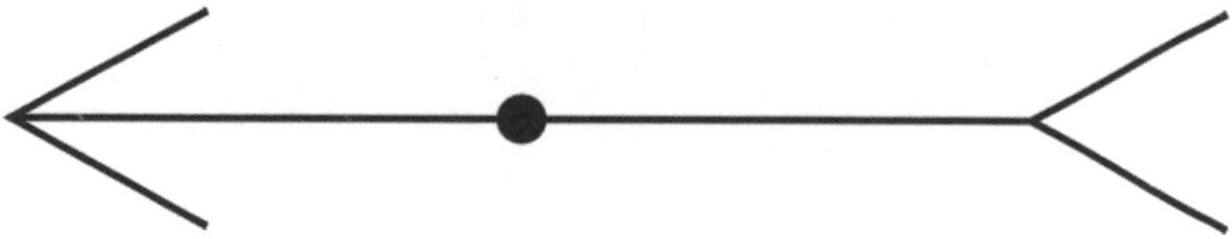

[Psychol Rev, 6:241, 1899]

◆桑德錯覺（Sander Illusion）

左邊的對角線看起來比較長。

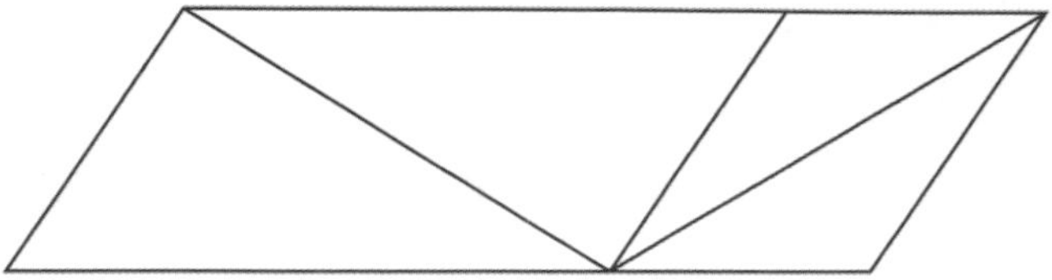

[Neue Psychol Stud, 1:159, 1926]

◆斜塔錯覺（Leaning Tower Illusion）

將兩張相同的斜塔照片並排，斜塔的傾斜程度看起來卻不一樣。

[Perception, 20:49, 1991]

◆ 加斯特羅錯覺（Jastrow Illusion）

兩個扇形雖然大小相同，但下面的看起來比較大。

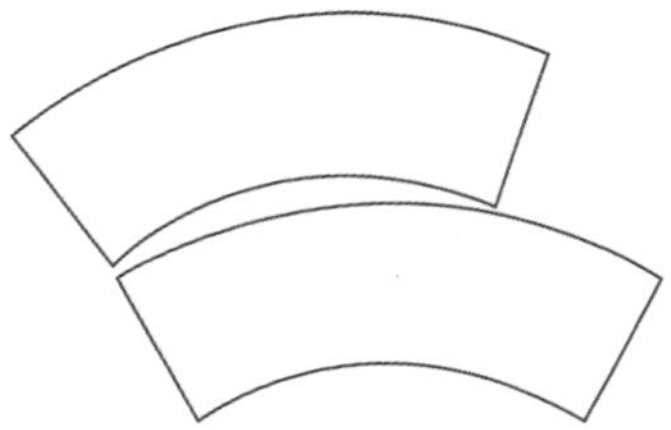

[Am J Psychol 4:381, 1892]

◆ 歐普效應（Op Effect）

放射狀圖案看起來像是會動。

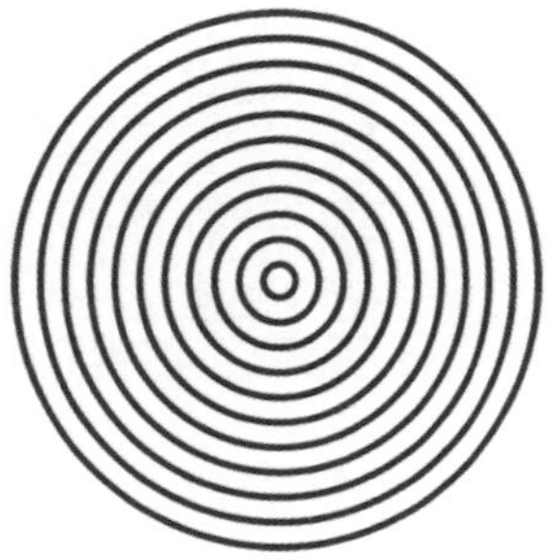

[Lond Edinb Philos Mag J Sci, 1:329, 1832]

◆ 謝巴德錯覺（Shepard Illusion）

平行四邊形只要換個方向，形狀看起來就不一樣。

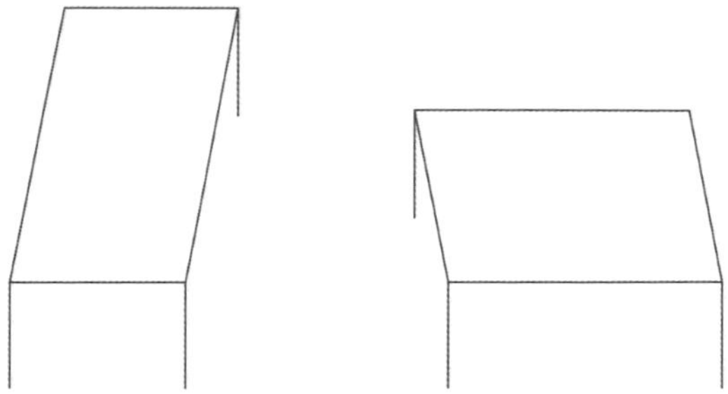

[Kubovy, Pomerantz, Perceptual Organization, 1981]

◆保險箱錯覺（Coffer Illusion）

凝視其中一個點，就能看到圓盤的圖案。

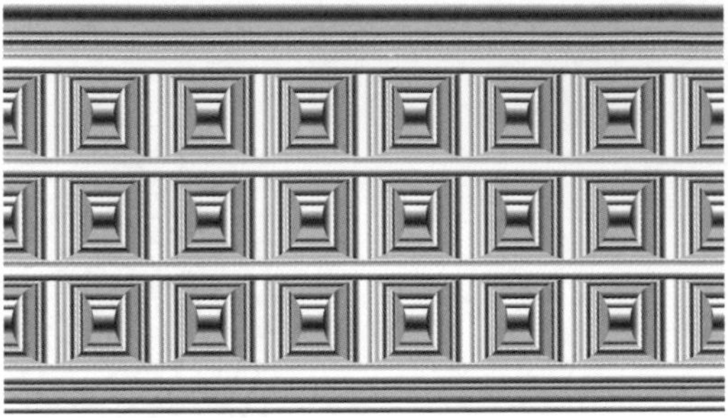

[Best Illusion of the Year Contest, 2006]

◆大內錯覺（Ouchi Illusion）

圖形內部看起來好像會動。

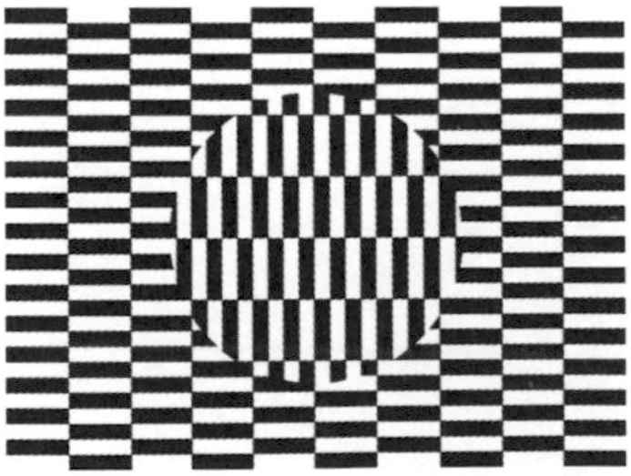

[OUCHI, Japanese and Geometrical Art, 1977]

◆卡尼薩三角形（Kanizsa Triangle）

在此構圖下，我們能看到明明不存在的三角形。

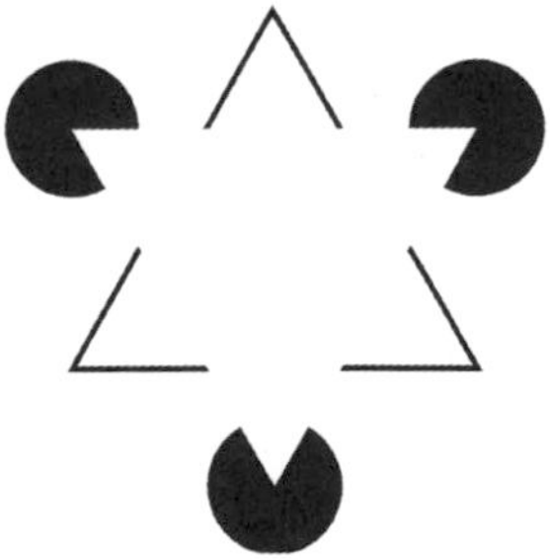

[Rivista Psicol, 49:7, 1955]

◆ 馮特錯覺
（Wundt Illusion）

兩條平行直線內的空間，看起來是歪斜的。

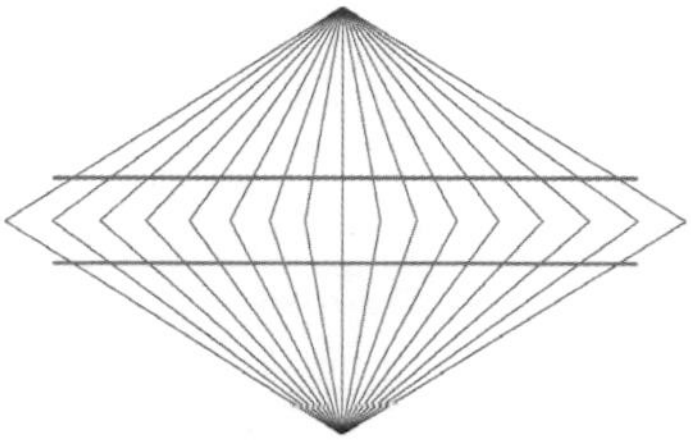

[Sächsisten Gesellschaft Wissenschaften Leipzig, 24:53, 1898]

◆ 奧氏錯覺
（Orbison Illusion）

斜線讓正方形看起來是歪的。

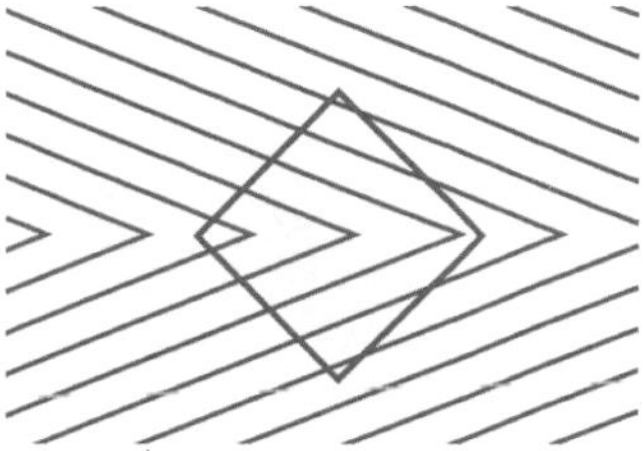

[Am J Psychol, 52:31, 1939]

◆ 奧培爾－庫恩特錯覺（Oppel-Kundt Illusion）

B與C間的距離，看起來比A與B間的距離短。

[Jahresbericht Physik Verseins Frankurt Main, 37, 1854]

◆艾賓浩斯錯覺
(Ebbinghaus Illusion)

兩個大小相同的圓形，會因周圍圓形的大小不同，看起來不一樣大。

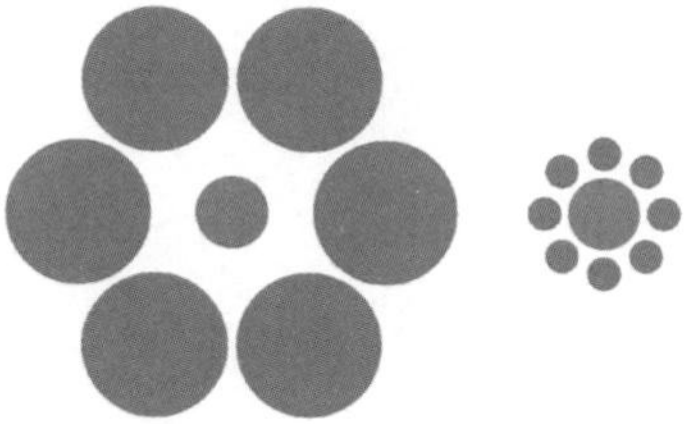

[Ebbinghaus, Grundzüge der Psychologie, 1902]

◆非感官補整
(Amodal Completion)

我們會覺得，左右兩個黑塊並不是個別的圖案，而是一個正方形的一部分。

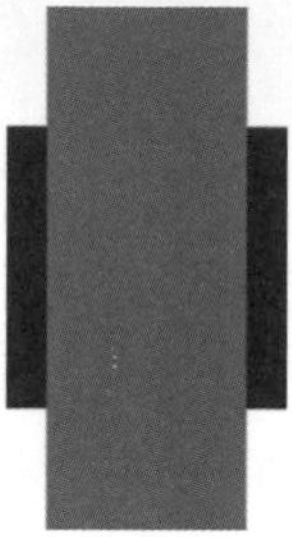

[Ital J Psychol, 2:187, 1975]

◆維卡里奧錯覺(Vicario Illusion)

由短線構成的長方形，線段的間隔看起來較大。

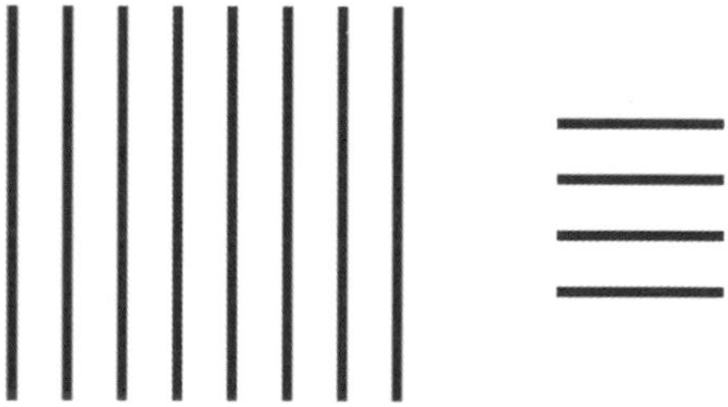

[Perception, 1:475, 1972]

◆ 動態錯覺（Motion Illusion）

雖是靜止的圖案，看起來卻像在動。

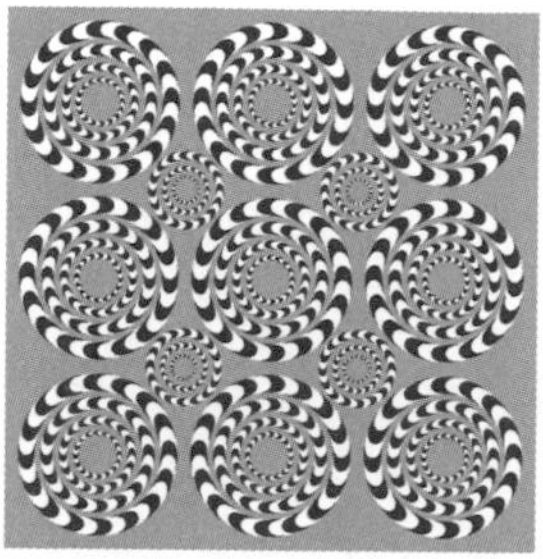

[Vision, 15:261, 2003]

◆ 非感官補整（Amodal Completion）

我們會覺得，左右兩個黑塊並不是個別的圖案，而是一個正方形的一部分。

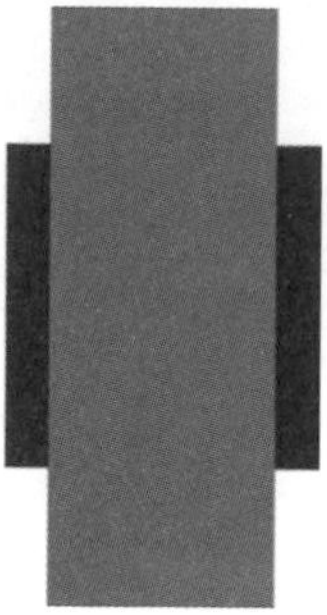

[Ital J Psychol, 2:187, 1975]

◆布爾登錯覺（Bourdon Illusion）

兩個三角形朝上的邊雖然都是直線，看來卻像是彎曲的。

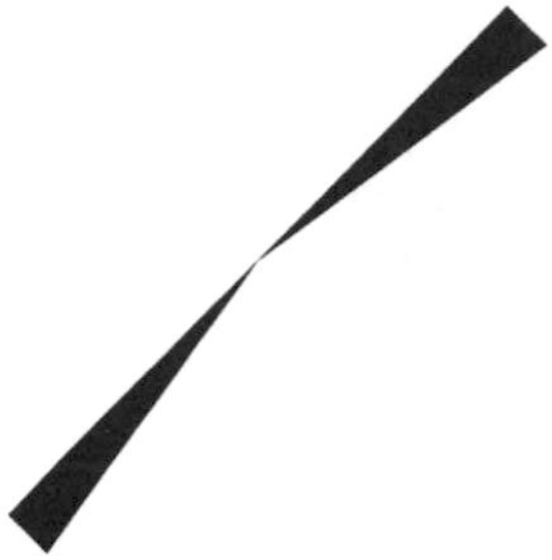

[Bourdon, La Perception Visuelle de l' Espace, 1902]

◆奈克方塊（Necker Cube）

哪個面是前面，有兩種不同解讀的角度，為等尺寸錯覺的一種。

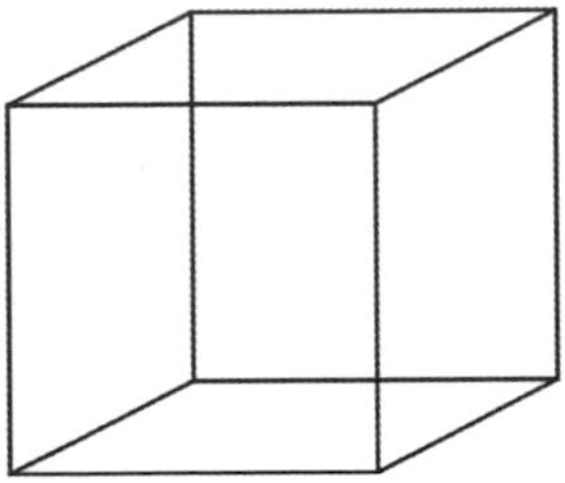

[Lond Edinb Philos Mag J Sci, 1:329, 1832]

◆水彩錯覺（Watercolor Illusion）

光是陰影在輪廓線內側或外圍的這點不同，就會讓輪廓內部的整體色調看起來不一樣。

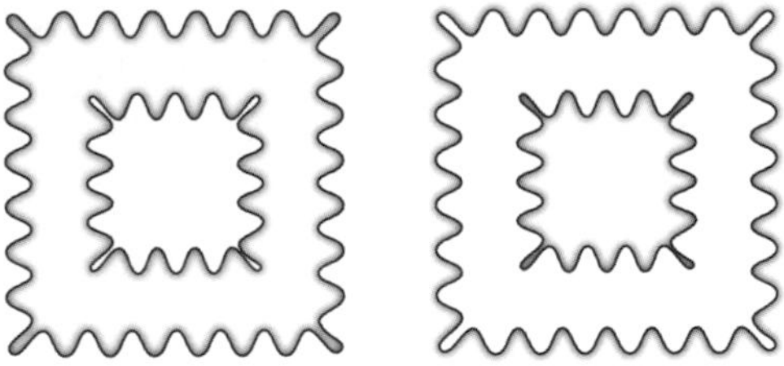

[XXI Congresso degli Psicologi Italiani, 158, 1987]

◆ 魔鬼叉子（Blivet）

細看之下，會感覺很矛盾不合理的圖案。

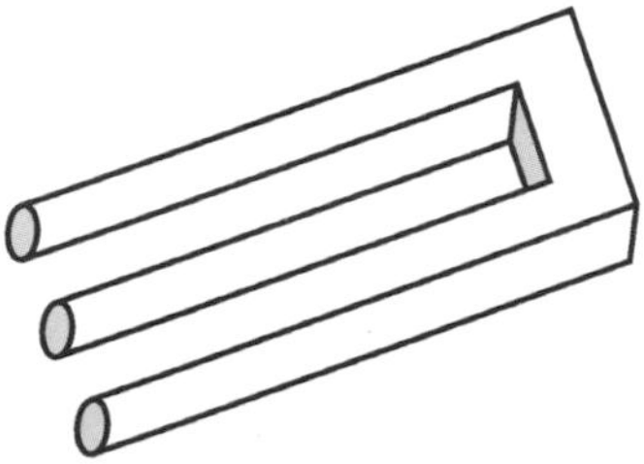

[Alfred, Mad, 93, 1995]

◆ 舒曼錯覺（Schumann Illusion）

傾斜的正方形看起來比較大。

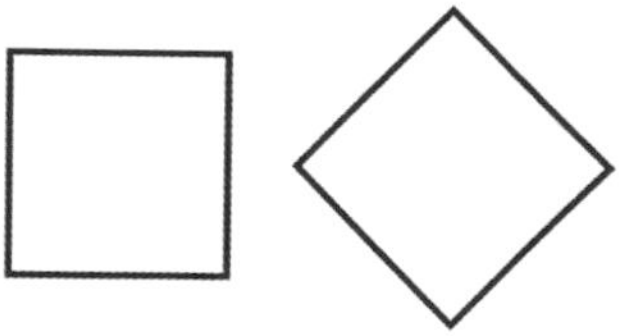

◆ 艾倫史坦因錯覺（Ehrenstein Illusion）

同心圓內的正方形，四個邊看起來是歪的。

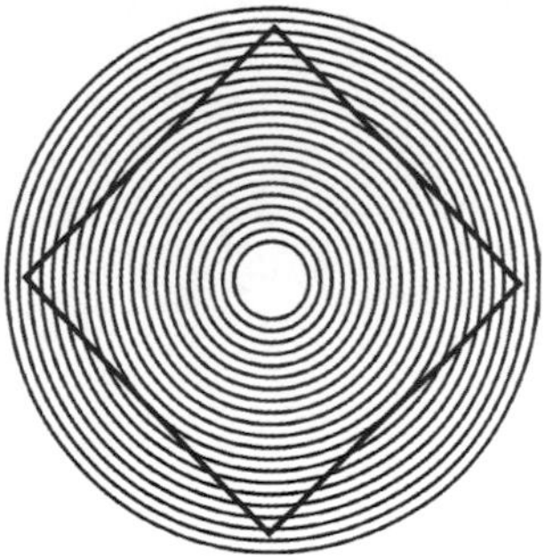

[Zeitschrift Psychol Physiol Sinnersorganen, 96:305, 1925]

心理學常見的225個認知偏誤名詞

A

＊**不明確性效應**（**Ambiguity effect**）：人有逃避不確定選項的傾向。↓見題目54。
相關用詞：**確定性效應** [Quart J Econ, 75:643, 1961]

＊**建議效應**（**Advice effect**）：受他人意見左右的傾向。↓見題目63。
相關用詞：**錯誤訊息效應** [Science, 323:1617, 2009]

＊**錨定**（**Anchoring**）：從特定資訊去做整體判斷的傾向。↓見題目16。
相關用詞：**直觀判斷法** [Science, 185:1124, 1974]

＊**行為者與觀察者偏誤**（**Actor-observer bias**）：我們傾向將他人的行為歸因於其內在，認為對方的行為是個性使然，但卻將自己的行為歸因於外在，認為自己是在某個狀況下才做出某個行為。
相關用詞：**基本歸因謬誤** [Sutherland, Irrationality,2007]

＊**注意力偏誤**（**Attentional bias**）：我們比較容易注意到自己平常會想的事。例如：常想著服裝打扮的人，就會注意到別人的打扮。
[Psychol Bull, 133:1, 2007]

＊**利用性層疊**（**Availability cascade**）：原本社會就有一定共識的信念，在經反覆報導後，就會更強化該信念的正確性。
[Stanford Law Rev, 51:683, 1999]

＊**可利用性法則**（**Availability heuristic**）：知道一個概念時，我們會光是因為容易想到例子，就判定它是正確的。例：讀說明認知偏誤的書籍時，會因為有同感而認同。↓見題目31
[Cog Psychol, 5:677, 1973]

B

＊**稀奇古怪效應**（**Bizarreness effect**）奇怪事物較容易讓人記住的傾向。

相關用詞：**雷斯多夫效應** [Bäckman & Nyberg, Memory, 2009]

＊**基本率謬誤**（**Base rate fallacy**）：忽視整體統計呈現的趨勢，而僅從特定資訊判斷的傾向。例如，一聽到重度菸癮的人罹患肺癌，就會認為抽菸是罹癌的原因。↓見題目62。

相關用詞：**錨定** [Acta Psychol, 44:211, 1980]

＊**信念偏誤**（**Belief bias**）：如果結論看起來煞有其事，我們就傾向認為，導引出此結論的前提或邏輯，應該是正確的。↓見題目49

[Mem Cog, 11:285, 1983]

＊**巴德爾・邁因霍夫現象**（**Baader-Meinhof phenomenon**）：當人們開始注意到某些情況在發生時，會覺得到處都有這種現象可以得到印證。

相關用詞：**頻率錯覺**

＊**巴納姆效應**（**Barnum effect**）：有人以套在任何人身上都說得通的模糊形容，來形容我們的個性時，我們常會覺得很準。↓見題目71

[Psychol Rep, 57:367, 1985]

＊**偏見盲點**（**Bias blind spot**）：自以為沒什麼偏見的偏見。容易意識到他人缺點的傾向。↓見題目30。

相關用詞：**敵對媒體效應**

[Pers Soc Psychol Bull, 28:369, 2002]

＊**逆火效應**（**Backfire effect**）：遇到與自己想法不同的人事物，會加以否定，並且更執著自己想法的傾向。

相關用詞：**確認偏誤** [J Exp Psychol, 28:497, 2002]

＊**從眾效應**（**Bandwagon effect**）：人很容易受周遭意見或趨勢的影響。↓見題目10。

相關用詞：**建議效應** [Quart J Eco, 64:183, 1950]

＊**黑天鵝理論**（**Black swan theory**）：我們以為某些事絕不可能發生，因此沒想到要如何回應，結果事情真的發生時，我們就更加措手不及。↓見題目37。

相關用詞：**正常化偏誤** [Taleb, The Black Swan, 2010]

＊**高人一等效應**（**Better-than-average effect**）：對於日常能力（例如：開車等），我們會覺得自己的表現應該是比一般人好的傾向。

相關用詞：**差於常人效應** [J Pers Soc Psychol, 68:804, 1995]

C

＊**一致性偏誤（Consistency bias）**：人有一種想維持自己個性和想法一致性的傾向，甚至會因此扭曲過去的記憶，認為自己一直以來都是如此。↓見題目23。

[Bartlett, Remembering, 1932]

＊**確定性效應（Certainty effect）**：偏好機率0％或近乎100％的確定狀況。例如，比起成功率從90％降為80％，從100％降為90％更令人覺得不快。

[The J Busin, 59:S251, 1986]

＊**確認偏誤（Confirmation bias）**：人傾向搜尋與自己想法一致的資訊。↓見題目26

[Rev Gen Psychol, 2:175, 1998]

＊**相合性偏誤（Congruence bias）**：要證明一個假設時，只檢驗它是否正確，卻沒有檢驗是否有其他反證的傾向。

[Quar J Exp Psychol, 12:129, 1960]

＊**範疇錯誤（Category Mistake）**：提出範疇不同的討論（例如往上追溯到必要性和存在意義等）、無關

的比喻、特殊例子，結果導向錯誤結論。例如，聽說「維生素C有益身體」，於是每天喝一杯檸檬口味的飲料。（維生素C含量比檸檬高的食物很多，再者，這個舉動也缺少究竟每天該攝取多少維生素C的觀點）↓見題目59

[Ryle, The Concept of Mind, 1949]

＊**群聚錯覺（Clustering illusion）**：同樣的事情不斷發生，我們就會相信有什麼趨勢或潮流在形成。↓見題目52。

相關用詞：**德州神槍手謬誤** [Gilovich, How we Know What Isn't So, 1991]

＊**潛隱記憶（Cryptomnesia）**：忘記資訊是看來聽來的，誤以為是自己所想，而在無意中剽竊使用的傾向。

[Bri J Psychiat, 111:1111, 1965]

＊**反不勞而獲效應（Contrafreeloading effect）**：比起不勞而獲，更喜好勞動後得到應有報酬的傾向。↓見題目41。

[Anim Behav, 53:1171, 1997]

＊**色彩心理效應（Color psychological effect）**：顏色

的使用，會改變印象和成果。↓見題目72。

[Ann Rev Psychol, 59:143, 2008]

＊**跨種族效應**（**Cross-race effect**）：與我們不同的人種，我們就比較難區辨單一個人。例如：看歐美電影時，我們比較分不出不同的人物。

[Cognition, 93:B1, 2004]

＊**選擇超載效應**（**Choice overload effect**）：選項過多，造成無力選擇的傾向。↓見題目5

[J Pers Soc Psychol, 79:995, 2000]

＊**選擇支持偏誤**（**Choice-supportive bias**）：相信自己會做出正確選擇的傾向。會找各種藉口說服自己，以避免後悔。例如：購物後，找理由合理化行為。

[Psychol Aging, 15:596, 2000]

＊**選擇盲視**（**Choice blindness**）：就算是自己選擇的東西，如果在不知情下被替換，也可能不會察覺到不同。↓見題目74。

相關用詞：**改變盲視** [Science, 310:116, 2005]

＊**對比效應**（**Contrast effect**）：對事物的印象，會因當下得到的資訊產生變化。例如：提了很重的行李後，就會覺得之前的行李很輕。

[Plous, The Psychology of Judgment and Decision Making, 1993]

＊**啦啦隊效應**（**Cheerleader effect**）：個人在團體中，會比自己單獨一人時看起來有魅力。

[Psychol Sci, 25:230, 2014]

＊**知識的詛咒**（**Curse of knowledge**）：一旦知道某個知識後，就很難從未知者的角度去思考。↓見題目38

[J Pol Eco, 97:1232, 1989]

＊**傳染效應**（**Contagious effect**）：我們的表現和心情，都會受周遭氣氛的影響。↓見題目66

[PLOS One, 7:e51367, 2012]

＊**認知失調**（**Cognitive dissonance**）：當我們的行為產生矛盾，我們就會去改變心態。↓見題目42

[Festinger, A Theory of Cognitive Dissonance, 1957]

＊**情境效應**（**Context effect**）：能否很快回想起一件事，以及記憶的內容，受當下的情緒和狀態決定。例如：在家裡，就比較難回想起職場的事。

[Br J Psychol, 66:325, 1975]

＊**變化偏誤**（**Change Bias**）：將過去的自己想得比實際差的傾向，以合理化自己為改善所做的努力。↓見題目25
[J Pers Soc Psychol, 47:738, 1984]

＊**改變盲視**（**Change blindness**）：我們無法察覺無意識間產生的變化。
相關用詞：**選擇盲視** [Trends Cog Sci, 1:261, 1997]

＊**保守性偏誤**（**Conservatism bias**）：即使出現新證據，也不修正自己信念的傾向。
相關用詞：**確認偏誤** [Kahneman, Slovic, Tversky, Judgment under Uncertainty, 1982]

＊**保守主義**（**Conservatism**）：在不同的語境下，或者不同的歷史階段，擁有不同的含義，但它們都有類似的本質。是一種強調既有價值或現狀的政治哲學。
相關用詞：**保守性偏誤**

＊**童年失憶症**（**Childhood amnesia**）：指的是人幾乎沒有四歲以前記憶的現象。
[App Cog Psychol, 12:455, 1999]

＊**合取謬誤**（**Conjunction fallacy**）：比起整體資訊，我們會比較注意特定資訊，並用以錯誤判斷整體。↓見題目51
[Psychol Rev, 90:293, 1983]

D

＊**誘餌效應**（**Decoy effect**）：增加一個無關緊要的替代選項，以改變他人的判斷。↓見題目11
[J Consum Res, 9:90, 1982]

＊**面額效應**（**Denomination effect**）：一般人比較不輕易使用大單位的貨幣（例如紙鈔），而是常使用小單位的貨幣（硬幣），結果反倒因此容易浪費。
[Cons Res, 36:701, 2009]

＊**差異認知偏差**（**Distinction bias**）：兩個事物放在一起評估時，差異性比較明顯；分別評估時，反倒覺得它們相似。
[J Pers Soc Psychol, 86:680, 2004]

＊**對持續時間的忽視**（**Duration neglect**）：我們評價痛苦或愉快的體驗時，傾向只注意情緒強度，而忽略情緒持續的時間。↓見題目53。
相關用詞：**峰終定律** [J Pers Soc Psychol, 5:617, 1998]

＊**達克效應**（**Dunning–Kruger effect**）：愈是沒能力的人，愈容易高估自己（因為沒能力，所以察覺不到自己的無能）。→見題目21
[J Pers Soc Psychol, 77:1121, 1999]

＊**防衛性歸因假設**（**Defensive attribution hypothesis**）：聽到事件或災害的新聞時，若受害者的損失愈大（或受害者與我們的立場愈相似），我們就傾向認為加害者的責任愈重。
[J Pers Soc Psychol, 3:73, 1966]

E

＊**伊莉莎效應**（**Eliza effect**）：認為機器人或電腦很人性化的一種傾向。→見題目57
[Hofstadter, Fluid Concpets and Creative Analogies, 1996]

＊**精英效應**（**Elite effect**）：比起公平性，社經地位高的人較注重效率、比較能容許不公平。
[Science, 349:aab0096, 2015]

＊**外在激勵偏誤**（**Extrinsic incentives bias**）：認為自己是依據內在動機（如想精進自己等理由）行動，而他人是依據外在動機（例如報酬等）行動的傾向。
[Org Behav Hum Dec Proc, 78:25, 1999]

＊**極端預期**（**Exaggerated expectation**）：事情明明沒發生，卻忍不住想像極端情境的傾向。例如：如果中樂透，或如果隕石掉落等。
[Org Beh Hum Dec Proc, 36:406, 1985]

＊**同理心差距**（**Empathy Gap**）：意指憤怒或戀愛時，就無法從情緒跟自己不同的他人（或自己）的角度思考。→見題目36
[Health Psychol, 24:S49, 2005]

＊**自我耗損**（**Ego depletion**）：疲倦時，會變得比較無法自制、道德感變差。→見題目46。
[J Pers Soc Psychol, 74:774, 1998]

＊**自我中心偏誤**（**Egocentric bias**）：依自己方便扭曲過去記憶的傾向。例如，考試分數高低、釣到的魚的大小。
相關用詞：**素樸犬儒主義**[Soc Psychol Quart 46:152, 1983]

＊**期望效應**（**Expectancy effect**）：希望得到想要的實

驗結果，因此無意識往那個方向去更改實驗方法及對數據的詮釋。

相關用詞：**畢馬龍效應** [Rosenthal, Experimenter Effects in Behavioral Research, 1966]

＊**實驗者偏差**（**Experimenter's bias**）：人傾向重視與自己想法一致的資料，並忽視與想法不同的資料。

相關用詞：**確認偏誤** [J Chronic Dis, 32:51, 1979]

＊**稟賦效應**（**Endowment effect**）我們會對擁有的事物產生情感，以致很難放手。↓見題目9

[J Polit Econom, 98:1325, 1990]

＊**本質主義**（**Essentialism**）：我們會將事物套入自己認為是本質的典型框架中，將其類型化。或者，當事物無法類型化時，我們會置之不理或加以忽略的傾向。

相關用詞：**確認偏誤** [J Philos, 65:615, 1968]

＊**歷史終結錯覺**（**End of history illusion**）：比起過去已發生的變化，我們有低估將來變化的傾向。↓見題目24

[Science, 339:96, 2013]

F

＊**功能固著**（**Functional fixedness**）：一旦學會某個東西的用法後，就很難找出其他的用法。

[Psychol Monographs, 58:5, 1948]

＊**基本歸因謬誤**（**Fundamental attribution error**）：我們傾向認為，別人所做的行為是出於性格，而不是受情境與環境的影響。↓見題目35。

相關用詞：**行動者與觀察者偏誤** [J Exp Soc Psychol 3:1, 1967]

＊**錯誤記憶**（**False memory**）：實際上沒發生過的事，只要講個幾遍、問個幾遍，就會好像真的體驗過一般變成記憶。孩童常有此狀況。

[J Verb Learn Verb Behav, 13:585, 1974]

＊**自由意志錯覺**（**Free-will Illusion**）以為自己有自由的錯覺。↓見題目43

相關用詞：**控制的錯覺** [Brain, 106:623, 1983]

＊**情感消退偏誤**（**Fading affect bias**）：情緒會隨時間消退，不快或嫌惡感消退得尤其快。

相關用詞：**玫瑰色回憶**[App Cog Psychol, 11:399, 1997]

＊**錯誤共識效應**（**False consensus effect**）：以為他人應該也會同意的錯覺。
[Psychol Bull, 102:72, 1987]

＊**頻率錯覺**（**Frequency illusion**）：一旦在意某個事物，就會有種經常能看到該事物的錯覺。
相關用詞：**時近效應**

＊**佛瑞效應**（**Forer effect**）：巴納姆效應
[J Abn Soc Psychol, 44:118, 1949]

＊**聚焦效應**（**Focusing effect**）：只注意事物某個面向，以致判斷錯誤的傾向。
相關用詞：**錨定**[Psychol Sci, 9:34, 1998]

＊**訊息框架效應**（**Framing effect**）：同樣資訊會因呈現的不同狀態，造成不一樣的判斷。↓見題目6。
相關用詞：語言框架[Science, 211:453, 1981]

G

＊**賭徒謬誤**（**Gambler's fallacy**）：以為能根據之前狀況，推測出下次答案的錯覺。例如投擲硬幣時，若連續出現五次正面，就會有很多人賭下次會出現反面。
相關用詞：**熱手謬誤**[Darling, The Universal Book of Mathekmatics, 2004]

＊**谷歌效應**（**Google effect**）：易取得的資訊，也會很快忘掉的傾向。
[Science, 333:776, 2011]

＊**格蘭效應**（**Golem effect** ）：不受期待時，表現也會跟著變差。
[J Edu Psychol, 74:459, 1982]

＊**團體極化**（**Group polarization**）：團體討論時，會出現眾人意見完全偏向保守或創新其中一邊的傾向。
[Am Sci, 63:297, 1975]

＊**自我生產效應**（**Generation effect**）：比起別人寫的或說的內容，我們比較記得住自己寫的或說的內容。
[J Verb Learn Verb Behav, 17:649, 1978]

H

*__後見之明偏誤（Hindsight bias）__：在事情發生後，認為自己早就知道事情會這麼演變的傾向。↓見題目14

[Org Beh Human Pref, 13:1, 1975]

*__雙曲貼線（Hyperbolic discounting）__：即使知道現在忍耐，將來得到的更多，但還是以當下利益為優先的傾向。

[Quart J Econ, 112:443, 1997]

*__敵對媒體效應（Hostile media effect）__：媒體報導若跟我們的信念不同，我們就會覺得其中充滿誤解與偏見。

相關用詞：**偏見盲點** [J Pers Soc Psychol, 49:577, 1985]

*__難易效應（Hard-easy effect）__：我們會低估困難的問題，但也會高估簡單問題的傾向。

[Psychol Rev, 107:384, 2000]

*__月暈效應（Halo effect ）__我們會特別注意事物的某個優點或缺點，因此影響對事物整體的印象。↓見題目69

[J Appl Psychol, 4:25, 1920]

*__霍桑效應（Hawthorne effect）__：為因應期待，逞強表現，最後提出假報告。

[BMC Med Res Methodol, 7:30, 2007]

*__熱手謬誤（Hot hand fallacy）__：如果狀況一直很好，我們就認為下一次也能成功的傾向。

相關用詞：**賭徒謬誤** [Cog Psychol, 3:295, 1985]

*__腦中的小人（Homunculus）__：認為自己大腦中有個與外界對抗的「自我」的傾向。

相關用詞：**神經現實主義** [Gregory, The Oxford Companion on the Mind, 1987]

*__幽默效應（Humor effect）__：我們比較記得住幽默的事的傾向。

[Rev Gen Psychol, 7:203, 2003]

I

*__影響力偏誤（Impact Bias）__：人在事情尚未發生前，容易放大發生後可能有的情緒。↓見題目53。

相關用詞：**對持續時間的忽視**[J Pers Soc Psychol, 5:617, 1998]

＊**外部代理的幻覺（Illusion of external agency）**：以為自己的個性和嗜好是受某個尊敬的人所影響的傾向。
[J Pers Soc Psychol, 79:690, 2000]

＊**意念動作（Ideomotor）**：意念強烈時，身體也會無意識跟著動的現象。↓見題目48
[Proc Royal Instit Gr Br 1:147, 1852]

＊**控制的錯覺（Illusion of control）**對自己的影響力過度有自信的傾向。例如，日本人在雨天時掛晴天娃娃的行為。↓見題目12。
相關用詞：**自由意志錯覺**。[Curr Direc Psychol Sci, 8:187, 1999]

＊**錯覺相關（Illusory correlation）**：在無關的事物中找出關連性的傾向。↓見題目79。
相關用詞：**幻想性錯覺**[Br J Soc Psychol 29:11, 1990]

＊**對樣本數不敏感（Insensitivity to sample size）**：光憑少數樣本，就以為得到充分正確資料的傾向。
相關用詞：**小數法則**[Psychol Bull 76:105, 1971]

＊**資訊偏誤（Information bias）**：即使是知道後也於事無補的資訊（例如，已經結束的事的資訊），人還是會想知道。↓見題目61
[Montgomery, Lipshitz, Brehmer. How Professionals Make Decisions, 2005]

＊**訊息框架（Information framing）**：即使是同樣資訊，說明方式不同，感覺就不同。↓見題目6。
相關用詞：**框架效應**[Bull Psychon Soc, 25:85, 1987]

＊**真相錯覺效應（Illusion-of-truth effect）**：比起剛知道的新事實，我們會傾向認為已知的事實為正確。
相關用詞：**塞麥爾維斯效應**[J Verb Learn Verb Behav, 16:107, 1977]

＊**效度的錯覺（Illusion of validity）**：明知某個說法沒什麼根據，還是會根據它來思考的傾向。例如從個性推測血型。又比如，即使聽說平常自己做的訓練無效，還是忍不住一直持續下去。
[Dierkes, Antal, Child, Nonaka, Handbook of Organizational Learning and Knowledge, 2003]

＊**透明度錯覺（Illusion of transparency）**：誤以為自

己能和他人互相了解的傾向。

相關用詞：**認知不對稱的錯覺** [J Pers Soc Psychol, 75:332, 1998]

***內團體拒斥**（**Ingroup derogation**）：不重視自己人、貶低所屬團體的傾向。例：日本人的成就在世界得到肯定後，日本國內才會跟著給予肯定。

[Pers Soc Psychol Bull, 37:15, 2011]

***內團體偏誤**（**Ingroup bias**）：獨厚同伴和家人的傾向。對於跟自己同天生日或同名的人，我們會產生一種同伴意識。

[J Soc Psychol, 113:201, 1981]

***內在動機**（**Intrinsic motivation**）：無須他人驅策，就能自己產生動力。成就需求、避敗需求、親和需求、權力需求等。↓見題目7

[Contemp Edu Psychol, 25:54, 2000]

***認知不對稱的錯覺**（**Illusion of asymmetric insight**）：覺得沒人了解自己，但自己卻很了解他人的傾向。↓見題目34。

相關用詞：**投射偏見** [J Pers Soc Psychol, 81:639, 2001]

***不理性增值**（**Irrational escalation**）：一旦遭遇阻礙，反倒更有衝勁，變得固執，想合理化行為的傾向。賭博時也可能產生的心態。

[Org Beh Hum Perform, 16:27, 1976]

***可辨識受害者效應**（**Identifiable victim effect**）：比起同樣需要幫助的不特定個人或團體，我們愈清楚知道有困難的人是誰，就愈願意給予援助。反之，給予懲罰也是同樣狀況。

[J Behav Decis Mak, 18:157, 2005]

***優勢幻覺**（**Illusory superiority**）：對自己擅長的事，我們會高估自己與他人的差距；對不擅長的事，我們則會低估自己和他人的差距。

相關用詞：**高人一等效應** [Eur Rev Soc Psychol, 4:113, 1993]

J

***公平世界假說**（**Just-world hypothesis**）：認為世界是公平的，因此不論成功或失敗，都是自己所造成，重視因果報應與自己的責任。↓見題目29。

[Pers Indiv Diff, 34:795, 2003]

＊**直觀判斷（Judgement heuristics）**：只憑特定判斷標準去判斷整體的傾向。↓見題目20。

相關用詞：**錨定**[Kahneman, Thinking, Fast and Slow, 2011]

K

＊**華美詞藻偏誤（Keats heuristic）**：人會因為文字流暢且有美感，而判斷其內容為正確。

[Poetics 26:235, 1999]

L

＊**項目數效應（List-length effect）**：一旦必須記住的項目變多，記住的比率就會下降。（註：能記住的絕對數量會增加。）

[Mem Cog, 39:348, 2011]

＊**小數法則（Law of small numbers）**從少量樣本數導引出一般原則的傾向。↓見題目70。

相關用詞：**對樣本數不敏感**[Barker, Stephen, The Elements of Logic, 1989]

＊**訊息處理層次效應（Levels-of-processing effect）**：比起死背，了解訊息的意義比較容易牢記。

[J Verb Learn Verb Behav, 11:671, 1972]

＊**少即更好效應（Less-is-better effect）**：例如，大盒內裝少量冰淇淋，與小盒內裝大量冰淇淋，人會傾向選擇後者。

[J Behav Decis Mak, 11:107, 1998]

＊**損失厭惡（Loss aversion）**：比起努力得到什麼，我們更傾向避免損失。

[Am Psychol, 39:341, 1984]

＊**鈍化與銳化（Leveling and sharpening）**：記憶的細節會隨著時間變得模糊（鈍化），而聚焦於某個部分（銳化），容易致使記憶失真。

[Ann Rev Psychol, 51:481, 2000]

＊**標籤理論（Labelling Theory）**：我們的判斷和行為，會受到別人為我們貼的標籤所影響。↓見題目15

[Soc Problems, 22:570, 1975]

M

＊**貨幣幻覺（Money illusion）**：重視實際價值沒那麼高的金額的傾向。例如，即使薪水漲3％，而通膨率為5％，一般人還是會很高興。

[Fisher, The Money Illusion, 1928]

＊**與情緒一致的記憶偏誤（Mood-congruent memory bias）**：與自己當下情緒一致的資訊，事後比較容易回想起來。

[J Verb Learn Verb Behav 5:381, 1966]

＊**錯誤認定（Misattribution）**：比起資訊內容，我們更容易忘記資訊來源。

[Psychol Bull, 135:638, 1989]

＊**錯誤訊息效應（Misinformation effect）**：看到或聽到目擊者的說法後，不管該訊息是否為真，自己的記憶都會因此變得不正確。

相關用詞：**建議效應** [J Exp Psychol, 8:127, 2002]

＊**重複曝光效應（Mere-exposure effect）**：對看慣的事物容易產生好感的傾向。↓見題目17

[J Pers Soc Psychol, 9:1, 1968]

＊**道德運氣（Moral luck）**：儘管原本是出於好意的行為，但不巧結果不佳，因此給人不好的印象。也可以說是多管閒事。

[Williams, Moral Luck, 1981]

＊**米蘭格倫效應（Milgram's effect）**：在權威者命令下，人會若無其事地做出非人道行為的傾向。[J Abn Soc Psychol, 67:371, 1963]

＊**形式效應（Modality effect）**：聽過的事比讀過的事容易記住，看過的事又比聽過的事容易記住的傾向。

相關用詞：**圖片優勢效應** [J Gen Psychol, 136:205, 2009]

＊**道德認證效應（Moral credential effect）**：在做出良善行為後，人反倒會覺得「那下次就少做一點好了」，而做出沒那麼有道德的行為。↓見題目22

[J Pers Soc Psychol, 81:33, 2001]

N

*＊***輕忽機率偏誤（Neglect of probability）**：在不確定的狀態下輕忽或根本無視機率的傾向。

*＊***輪流發言效應（Next-in-line effect）**：輪流發言時，我們會幾乎記不得自己前一個人及後一個人的發言內容。

[J Verb Learn Verb Behav, 12:320, 1973]

*＊***無意義數學效應（Nonsense math effect）**：報告中若出現數學公式，就能獲得較高評價。

相關用詞：**匹賽翁鋅效應** [Judgm Decis Mak, 7:746, 2012]

*＊***正常化偏誤（Normalcy bias）**：我們會傾向避免處理非常狀態的狀況。例如：聽到警鈴聲響起時，會認為是誤報。↓見題目37。

相關用詞：**黑天鵝理論** [TIME Magazine, 4/25, 2005]

*＊***素樸犬儒主義（Naïve cynicism）**：覺得他人的發言比較誇大，不予當真的傾向。

相關用詞：**自我中心偏誤** [J Pers Soc Psychol, 76:743, 1999]

*＊***神經現實主義（Neurorealism）**：「你之所以〇〇，是由於大腦的構造〇〇」，只要有人以這種角度說明，我們就會認同的傾向。二元論的亞種。

[Nat Rev Neurosci, 6:159, 2005]

*＊***負面偏誤（Negativity bias）**：比起正面新聞，我們更容易注意負面新聞的傾向。

相關用詞：**正面效應** [Pers Soc Psychol Rev, 5:296, 2001]

O

*＊***鴕鳥效應（Ostrich effect）**：對自己不利的事就假裝沒看見的傾向。

相關用詞：**確認偏誤** [J Busin, 79:2741, 2006]

*＊***外團體同質性偏誤（Out-group homogeneity bias）**：誤以為自己所屬的團體比較有個性、多元化，覺得其他班級或其他隊伍較沒個性且平凡。↓見題目39

[J Pers Soc Psychol, 42:1051, 1982]

*＊***奧斯本效應（Osborne effect）**：公司若太早宣布要

推出新商品，就會導致消費者不買公司現有商品，結果使公司利益受損。

[Osborne, Hypergrowth, 1984]

＊**過度自信效應**（**Overconfidence effect**）：意指雖然對答案很有自信，但還是意外有錯。↓見題目19

[Am J Psychol, 73:544, 1960]

＊**觀察者效應**（**Observer effect**）：意指因為觀察，而受觀察者影響。觀察者經常不會意識到這種狀況。例如，老師進教室後，學生態度就變好，以至於老師會過度評價學生的表現。

[Found Sci, 18:213, 2013]

＊**結果偏誤**（**Outcome bias**）：重視結果甚於過程的傾向，認為只要有好結果，一切都好。

[J Pers Soc Psychol, 54:569, 1988]

＊**不作為偏誤**（**Omission bias**）：我們傾向認為，由於做了什麼而造成的問題，比不做什麼而造成的問題更糟。↓見題目56

[J Behav Decis Mak, 3:263, 1990]

＊**樂觀偏見**（**Optimism bias**）：覺得總有辦法的樂觀傾向。

[Curr Biol, 22:1477, 2012]

P

＊**支持創新偏誤**（**Pro-innovation bias**）：一旦要開始做某件新的事，就會熱血沸騰，以至於未考量到失敗的可能性和自己弱點的傾向。

[Rogers, Diffusion of Innovations, 1962]

＊**圖片優勢效應**（**Picture superiority effect**）：使用圖片或影片說明，較容易使人記住。

相關用詞：**形式效應** [J Gen Psychol, 136:205, 2009]

＊**記憶錯誤**（**Paramnesia**）：錯誤回想起自己沒見過、聽過的事。誤解、似曾相識或前世記憶，也屬於這種偏誤。↓見題目75

[J Exp Psychol, 21:803, 1995]

＊**假確定性效應**（**Pseudocertainty effect**）：在預期能有好結果時，人會選擇比較務實的選項；在預期結果不佳時，人會以聽天由命的態度做選擇。

[Hardman, Judgment and Decision, 2009]

*偽忽視（Pseudoneglect）：注意力容易聚焦於視野左半邊的傾向。見題目44
[Exp Brain Res, 162:384, 2005]

*安慰劑效應（Placebo effect）：相信藥物有效，就真的能感受到效果。↓見題目68
[Minerva Med, 96:121, 2005]

*計畫謬誤（Planning fallacy）：低估作業所需時間、小看截止期限的傾向。
[TIMS Stud Manag Sci, 12:313, 1979]

*購後合理化（Post-purchase rationalization）：消費後，想出合理化購買行為的理由以説服自己的傾向。相關用詞：**選擇支持偏誤**[J Mark Res, 7:315, 1970]

*揮之不去的記憶（Persistence）：即使想忘記討厭的經驗，卻會不斷重複想起。

*初始效應（Primacy effect）：在一串資訊中，第一個和最後一個最容易記住。
[Ebbinghaus, On Memory, 1913]

*個人認同效應（Personal identity effect）：我們傾向採取維持自己個性的行為。↓見題目32
[Proc Natl Acad Sci USA, 108:12653, 2011]

*投射偏見（Projection bias）：相信周圍的人（或將來的自己），和現在的自己有同樣想法的傾向。認為自己的價值觀是普遍價值觀的傾向。
[Quart J Eco, 118:1209, 2003]

*同儕壓力（Peer pressure）：少數派的人會自己默默迎合多數派的意見。
[J Eur Eco Assoc, 8:62, 2010]

*帕金森定律（Parkinson's law）：有多少資源，我們就會使用多少的傾向。例1：冰箱總是塞得滿滿的。例2：書架空間增加多少，我們就增加多少書。例3：薪水增加多少，妻子的消費就增加多少。例4：工作總是趕在最後一刻完成。
[Parkinson, Parkinson's Law, 1958]

*人際空間（Personal space）：即使身體沒被碰觸到，但有人侵入，我們還是會覺得不舒服的一個空間範圍。例：在公園裡，不認識的兩人要坐同一張長椅時，會分別坐在長椅兩端。
[Psychol Bull, 85:117, 1978]

＊**報導安排的偏誤（Placement bias）**：報紙或雜誌中，愈接近報導開頭的部分愈多人讀。此外，讀者也會期待，報導開頭寫的內容比較重要。

＊**幻想性錯覺（Pareidolia）**：從隨意的圖案或聲音中，找出特定意義的傾向。厭惡無秩序及無關的狀態。例：將月亮表面的陰影比擬為玉兔。→見題目79。

相關用詞：**錯覺相關** [Hum Nat, 19:331, 2008]

＊**帕雷托法則（Pareto principle）**：意指大部分的結果取決於少部分要素。例1：80%的財富集中於20%的人身上。例2：公司中80%的業績，是由20%的員工所創造。例3：80%的麻煩問題，來自20%的顧客。

相關用詞：**80：20法則** [Contemp Phys, 46:5:323, 2005]

＊**峰終定律（Peak–end rule）**：評估痛苦或愉快的體驗時，我們傾向只憑最強烈的情緒與結束之際的狀況來評估。

相關用詞：**對持續時間的忽視** [J Pers Soc Psychol, 65:45, 1993]

＊**悲觀偏誤（Pessimism bias）**：心情不好時，覺得似乎還會有更糟的事發生的悲觀傾向。

[Behav Res Ther, 44:861, 2006]

＊**畢馬龍效應（Pygmalion effect）**：有什麼樣的期待，就可能出現什麼結果的傾向。→見題目60。

相關用詞：**實驗者偏差** [Rosenthal, Jacobson, Pygmalion in the Classroom, 1968]

＊**彼得原理（Peter principle）**：組織高層遲早會充滿無能者的一種傾向（因為，每個人都能升遷到直到被發現無能的位置，之後就無法再升遷）。

[Peter, The Peter Principle, 1969]

＊**部分項目提示效應（Part-list cueing effect）**：在回想特定項目時，若得到提示，反倒更難回想起特定項目之外的其他項目。

[J Exp Psychol, 76:504, 1968]

＊**促發效應（Priming effect）**：剛接收到的資訊，會在我們回想事物時造成影響。→見題目2。

[J Exp Psychol, 90:227, 1971]

＊**展望理論（Prospect theory）**：我們對於不確定的選項所做的決定，會因損益或金額改變，以及說明此概念的理論模型。→見題目13

[Econometrica, 147:263, 1979]

＊**佩茲曼效應（Peltzman effect）**：
相關用詞：**風險代償** [J Pol Eco, 83:677, 1975]

80：20法則（80-20 rule）
相關用詞：**帕雷托法則** [Koch, The 80/20 Principle, 1999]

＊**正面效應（Positivity effect）**：年紀愈大，愈容易忽視令人不愉快的資訊，只看令人愉快的資訊。
相關用詞：**負面偏誤**
[Trends Cogn Sci, 9:496, 2005]

＊**認知流暢度（Processing Fluency）**我們會覺得容易理解的概念比較正確的傾向。↓見題目28
[Consci Cogn 8:338, 1999]

R

＊**返程效應（Return trip effect）**：覺得回程比去程距離近的傾向。
相關用詞：**慣走的路效應** [PLOS One, 10:e0133339, 2015]

＊**自制偏誤（Restraint bias）**：人傾向高估自己的自制力，及抗拒誘惑的能力。
[Psychol Sci, 20:1523, 2009]

＊**抗拒消弱（Resistance to extinction）**習慣一旦養成，就很難改變。↓見題目70。
[J Comp Psychol, 38:307, 1946]

＊**心理學研究的再現性（Reproducibility of psychological science）**：有超過半數的認知心理學論文，無法由其他研究者再現。
[Science, 349:aac4716, 2015]

＊**專業曲解（Professional deformation）**：看任何事物，都從自己的專業角度來看的傾向。
[Süddeutsche Zeitung, 11/07, 2007]

＊**時近效應（Recency effect）**：我們比較重視最近發生的事的傾向。
[J Exp Psychol, 54:180, 1957]

＊**時近錯覺（Recency illusion）**：雖然是早就存在的事物，但自己最近才發現，所以有種該事物最近才出

現的錯覺。

相關用詞：**頻率錯覺** [Amn Speech 82:3, 2007]

＊**玫瑰色回憶（Rosy retrospection）**：逐漸美化過去記憶的傾向。

相關用詞：**情感消退偏誤** [J Exp Soc Psychol, 33:421, 1997]

＊**反動貶低（Reactive devaluation）**：低估敵對者意見的傾向。

[Negot J, 8:389, 1991]

＊**抵抗心理（Reactance）**：受到強迫，終究會忍不住想反抗的傾向。→見題目67

[Brehm, Brehm, Psychological Reactance, 1981]

＊**風險代償（Risk compensation）**：人在確保安全下，反倒會做出危險之舉的傾向。

[Comp Sec, 23:362, 2004]

＊**韻律偏見效應（Rhyme as reason effect）**：意指當文句具有韻律感、押韻，或重複相似的表現時，就會增加其說服力與真實感。例：民有、民智、民享的政治。

[Psychol Sci, 11:424, 2000]

＊**無名怨憤（Ressentiment）**：愈是弱者，個性可能愈乖僻善妒。→見題目55

[Nietzsche, Jenseits von Gut und Böse, 1886]

＊**回憶高峰（Reminiscence bump）**：意指在漫長人生中，我們比較記得住十至二十多歲事情的傾向。或是年紀一大，就變得愛說年輕回憶的傾向。

[Psychol Aging, 11:85, 1996]

＊**羅森塔爾效應（Rosenthal effect）**→見題目60。

相關用詞：畢馬龍效應 [Behav Sci, 8:183, 1963]

S

＊**間隔效應（Spacing effect）**：念書時，與其一鼓作氣吸收，不如間隔一段時間分散學習，比較能記得住。

[Ebbinghaus, Memory, 1885]

＊**安於現狀偏誤（Status quo bias）**：覺得維持現狀就好、不喜變化的保守傾向。例1：如果問來世想選擇當哪個性別的人，多數人會選擇現在的性別。例2：

無法擺脫單身生活。

相關用詞：**系統合理化** [J Risk Uncert, 1:7, 1988]

*****沉沒成本效應（Sunk cost efffect）**即使知道徒勞無功，還是想回收至今所付出的努力與投資。↓見題目50。

[J Pers Soc Psychol 8:319, 1968]

*****刺激等同中的對稱（Symmetry in stimulus equivalence）**：認為「反之亦然」。↓見題目59。

[J Exp Anal Beh, 37:5, 1982]

*****自我相關效應（Self-relevance effect）**：與自己有關的內容比較記得住。

*****自我知覺（Self-perception）**：從自己的行動推測自己的心情。↓見題目65。

[Psychol Rev, 74:183, 1967]

*****自我因循（Self-herding）**：做過的決定，會成為自己下次行動時的限制，並在我們不假思索中成為習慣。↓見題目8

[Ariely, The Upside of Irrationality, 2010]

*****自利偏誤（Self-serving bias）**成功時，會認為是自己的功勞；失敗時，則覺得責任不在自己。↓見題目33

[Psychol Bull, 82:213, 1975]

*****系統合理化（System justification）**：即使現狀讓一部分的人無法受益，但多數人還是會將現狀合理化的傾向。

相關用詞：**安於現狀偏誤** [Br J Soc Psychol, 33:1, 1994]

*****社會比較偏差（Social comparison bias）**：我們會傾向避開讓我們的優點失色的人。例1：找新員工時，會找能力跟自己不同的人。例2：聯誼時，不找似乎會跟自己成為競爭對手的人。

[Org Behav Hum Dec Proc, 113:97, 2010]

*****主觀驗證（Subjective validation）**：希望事情怎麼發展時，就會從偶然的一致性中找出必然性，並覺得事實就是如此的傾向。

相關用詞：**確認偏誤** [J Abn Psychol, 44:118, 1949]

*****來源混淆（Source confusion）**：容易記錯資訊來源的傾向。

相關用詞：**錯誤認定** [Learn Ind Diff, 12:145, 2000]

*刻板印象（Stereotyping）：我們會光憑一個人隸屬某個政黨或宗教團體等，就傾向認為對方一定是怎麼樣的人。
[Psychol Rev, 100:109, 1993]

*刻板印象威脅（Stereotype threat）：團體中的成員，會因為意識到該團體的傾向和特徵，以至於個性和能力也會往同一個方向改變。↓見題目18
[J Pers Soc Psychol, 69:797, 1995]

*刻板印象偏誤（Stereotypical bias）我們對人種、性別、職業等都有刻板印象，而且容易受到左右，以至於扭曲記憶。
[Am Psychol, 54:182, 1999]

*倖存者偏差（Survivorship bias）：我們會傾向注意成功者，而忽略人數更多的失敗者或犧牲者。
[Rev Fin Stud, 9:1097, 1996]

*社會期許的偏誤（Social desirability bias）：為了受到別人歡迎，人有隱瞞真實想法或事實，以回應社會期待的傾向。
[Robinson, Shaver, Lawrence, Measures of Personality and Social Psychological Attitudes, 2013]

*自我設障（Self-handicapping）：為自己尋找不相關的理由，好讓自己無法全力以赴。例如：該準備考試，卻開始清掃家裡。↓見題目40
[J Pers Soc Psychol, 36:405, 1978]

*選擇性知覺（Selective perception）：忽略跟自己信念不同的事物，或是即使察覺，也馬上忘記。[Griffin, Fundamentals of Management, 2013]

*選擇性偏誤（Selection bias）：有時候，會因調查對象的選擇方式，導致錯誤結論。↓見題目70
相關用詞：**小數法則** [Econometrica, 47:153, 1979]

*塞麥爾維斯效應（Semmelweis reflex）：我們知道的新事實若不符合一般說法，就拒絕接受的傾向。或指一個事實無法以常識說明，我們卻想接受的傾向。
相關用詞：**真相錯覺效應** [Kleinmuntz, Formal Representation of Human Judgment, 1968]

*可受暗示性（Suggestibility）：他人在我們無意識間，間接地將暗示的想法混入我們的經驗或記憶中。
相關用詞：**錯誤認定** [Schumaker, Human

Suggestibility, 1991]

＊**後綴效應**（**Suffix effect**）：假設我們拿到一張單字表等資料，但資料最後加上了不相關的訊息刺激，則我們要記住資料中比較後面的訊息時，就會變得困難。

[J Exp Psychol, 91:169, 1971]

T

＊**望遠鏡伸縮效應**（**Telescoping effect**）：覺得最近發生的事似乎是很久以前的事，很久以前的事才剛發生的一種錯覺。↓見題目77

[Mem Cog, 34:138, 2006]

＊**省時偏誤**（**Time-saving bias**）：當車速愈快，駕駛就會覺得如果再快一點，就能早點到達目的地的傾向。

[Accid Anal Prev, 41:10, 2009]

＊**深思熟慮的陷阱**（**The devil is in the deliberaion**）愈是深思熟慮後做的決定，愈沒有一貫性，且有比較輕忽道德的傾向。↓見題目1

[Nature, 489:427, 2012]

＊**德州神槍手謬誤**（**Texas sharpshooter fallacy**）：從大量不相關的數據中，挑出恰巧呈現一貫性的部分，引導出錯誤結論的傾向。為自己做的決定找理由。

相關用詞：**群聚錯覺** [Bennett, Logically Fallacious, 2013]

＊**測驗效應**（**Testing Effect**）：與其被動地反覆學習，不如頻繁做考題比較能加強記憶。↓見題目47

[Science, 319:966, 2008]

＊**性格歸屬偏誤**（**Trait ascription bias**）：認為自己能隨機應變，而別人不論在任何狀況下都不會改變一貫作風的傾向。

[Psychol Rep, 51:99, 1982]

＊**舌尖現象**（**Tip of the tongue phenomenon**）：指的是明明快想起一個詞或名字，卻又想不起來，反倒讓人很在意的現象。

[Psychol Bull, 109:204, 1991]

U

***最終歸因謬誤**（**Ultimate attribution error**）：認為自己所屬的團體成功，是當然結果，失敗是偶然；而其他團體成功是偶然，失敗是當然結果。

相關用詞：**基本歸因謬誤**[Pers Soc Psychol Bull, 5:461, 1979]

***上流階級偏誤**（**Upper class bias**）：社會地位高的人，更容易做出比較不符道德的行為。↓見題目73

[Proc Natl Acad Sci USA, 109:4086, 2012]

***單位偏誤**（**Unit bias**）：不喜歡尾數或小數點，偏好完整單位的傾向。例：認為以「一塊」蛋糕（不管大小塊）當作甜食比較適當。

[Psychol Sci, 17:521, 2006]

V

***語文遮蔽效應**（**Verbal overshadowing effect**）：向他人說明後，記憶的細節反而會變得不正確。↓見題目76。

[Bull Psychonomic Soc, 5:86, 1975]

***逐字效應**（**Verbatim effect**）：我們比較記得住內容，而非呈現內容使用的語句和表現方式。

[Percept Psychophys, 2:437, 1967]

***雷斯多夫效應**（**Von Restorff effect**）：醒目或顯眼的事物，比較容易記住的傾向。

相關用詞：**稀奇古怪效應**[Psychol Res, 18:299, 1933]

W

***想到最壞情況的偏誤**（**Worst-case thinking bias**）：意指即使是現實中可忽略的低風險，也想到最壞情況，過度反應。

[Evans, Risk Intelligence, 2012]

***思維壓抑量表測試**（**White bear suppression inventory**）：刻意努力不想起一件事，反倒更容易記住。↓見題目45

[J Pers, 62:615, 1994]

***熟悉路線效應**（**Well travelled road effect**）：覺得

慣走的路距離較近，不熟悉的路線距離較遠。

相關用詞：返程效應

[Percept Psychophys, 26:430, 1979]

＊**差於常人效應**（**Worse-than-average effect**）：對於例如騎單輪車等困難的事，我們覺得自己的表現應該比一般人差的傾向。

相關用詞：**高人一等效應**[J Pers Soc Psychol, 77:221, 1999]

Z

＊**匹賽翁鋅效應**（**Zinc pyrithione effect**）：只要以專門術語説明，就算看起來不知道在説什麼，也具有説服力。↓見題目64。

相關用詞：**無意義數學效應**

＊**零和捷思**（**Zero-sum heuristic**）：我們傾向認為，如果有人有獲得，就會有人損失那一部分。

[J Cons um Res, 33:430, 2007]

＊**零風險偏誤**（**Zero-risk bias**）：比起將風險程度從100降低為10，我們更喜歡將風險程度從1降為0。↓見題目3

[Risk Anal, 11:19, 1991]

＊**蔡格尼效應**（**Zeigarnik effect**）：工作一旦完成後，就忘記內容的傾向。↓見題目58

[Elli, A Sourcebook of Gestalt Psychology, 1967]

後記

本書的前身是《自己沒發現的心理盲點》（朝日出版社，二〇一三年）。因為該書廣受好評，所以我大幅增加內容，調整為這個完整版，項目從之前的三十個變成八十個，增加近二．五倍。我也終於覺得，它的分量較符合我對一本書的期待。

我平常寫作總會提醒自己，希望寫出來的書，能盡可能讓一般讀者及研究大腦和心理學的專家都能接受。本書的體例雖然輕鬆，但內容一樣專業。

前一版的書問世後，也有一些人反映，這種輕鬆簡明的風格「感覺少了什麼」、「不符期待」，但這正是我要的結果。所以，我將這些批評也當成讚美，本書依舊延續同樣風格。

文字量少，並不表示作者偷懶。辯才無礙的美國第二十八任總統伍德羅．威爾遜（Woodrow Wilson）說過：「要演說一小時，我馬上能做到；演說二十分鐘，要花兩小時準備；演說五分鐘，必須花一晚準備。」本書也是，連細節也是不斷重複調整修正，從擬草稿到最終完稿，事實上花了五年時間。

結果是，我可以自信地說，它是一本讀起來愉快，也能當作參考資料，甚至可用來裝飾居家的前所未有的入門書。這部完整版，不只解說項目的數量較多，參考文獻及附錄的內容也很充實，費這麼多心思，就是希望提供給對認知偏誤感興趣的人廣泛的參考方向。

我對細節的這些堅持，則有賴周圍的人支持才能開花結果，在此，我想對一些人表達深摯謝意。謝謝朝日出版社編輯部的赤井茂樹、大槻美和，他們耐心十足地陪著執著的我完成此書。謝謝講談社Blue Backs編輯部的篠木和久，在製作完整版的過程中，回應我所有瑣碎的要求。謝謝服部公太郎極力創作出符合我構想的插畫。他們每一位，都是我認知偏誤下的犧牲者。

推薦閱讀

- 希娜・艾恩嘉（Sheena Iyenger）《誰說選擇是理性的》（The Art of Choosing）（漫遊者文化，2015）
- 丹・艾瑞利（Dan Ariely）《誰說人是理性的》（Predictably Irrational, Revised and Expanded Edition: The Hidden Forces That Shape Our Decisions）（天下文化，2011）
- 丹・艾瑞利（Dan Ariely）《不理性的力量》（The Upside of Irrationality: The Unexpected Benefits of Defying Logic at Work and at Home）（天下文化，2011）
- 康納曼（Daniel Kahneman）《快思慢想》（Thinking, Fast and Slos）（天下文化，2012）
- 丹尼爾・吉伯特（Daniel Gilbert）《快樂為什麼不幸福？》（Stumbling on Happiness）（時報文化，2006）

● 湯瑪斯・吉洛維奇（Thomas Gilovich）《康乃爾最經典的思考邏輯課》（How We Know What Isn't So: The Fallibility of Human Reason in Everyday Life）（先覺，2015）
● 納西姆・尼可拉斯・塔雷伯（Nassim Nicholas Taleb）《黑天鵝效應》（The Black Swan: The Impact of the Highly Improbable）（大塊文化，2011）
● 羅伯特・席爾迪尼（Robert B. Cialdini）《影響力：說服的六大武器，讓人在不知不覺中受擺佈》（Influence: Science and Practice）（久石文化，2016）
● 友野典男《行動經濟學——經濟由情感所驅動》（光文社，2006）
● 墨特里尼（Matteo Motterini）《情感經濟學》（Economia Emotiva: Che Cosa Si Nasconde Dietro i Nastri Conti Quotidiani）（先覺，2009）
● 墨特里尼（Matteo Motterini）《行為經濟學與神經經濟學》（Trappole Mentali）（Rizzoli，2008）

人生顧問 295

天天都好用的實效心理學：為什麼離你家愈遠的餐廳，感覺上愈好吃？80個科學實證的心理效應，教你避開思考陷阱，做出最佳決定

作　者—池谷裕二
譯　者—李靜宜
主　編—李宜芬
責任編輯—郭香君
責任企劃—張瑋之
封面、內頁版型設計—比比司設計工作室
編輯總監—蘇清霖
董事長—趙政岷
出版者—時報文化出版企業股份有限公司
108019台北市和平西路三段二四〇號四樓
發行專線—（〇二）二三〇六—六八四二
讀者服務專線—〇八〇〇—二三一—七〇五
（〇二）二三〇四—七一〇三
讀者服務傳真—（〇二）二三〇四—六八五八
郵撥—一九三四四七二四時報文化出版公司
信箱—10899臺北華江橋郵局第九九信箱
時報悅讀網—http://www.readingtimes.com.tw
綠活線臉書—http://www.facebook.com/readingtimesgreenlife
法律顧問—理律法律事務所　陳長文律師、李念祖律師
印　刷—勁達印刷有限公司
初版一刷—二〇一八年一月二十六日
初版二刷—二〇二一年八月六日
定　價—新台幣三五〇元

時報文化出版公司成立於一九七五年，並於一九九九年股票上櫃公開發行，於二〇〇八年脫離中時集團非屬旺中，以「尊重智慧與創意的文化事業」為信念。

突破人心盲點的實效心理學：為什麼離你家愈遠的餐廳，感覺上愈好吃？80個科學實證的心理效應，教你避開思考陷阱，做出最佳決定 / 池谷裕二作；李靜宜譯. -- 初版. -- 臺北市：時報文化, 2018.01
面；　公分（人生顧問；295）
譯自：自分では気づかない、ココロの盲点　完全版：本当の自分を知る練習問題80
ISBN 978-957-13-7288-4 (平裝)
1.應用心理學
177　　106025039

本書為《自己沒發現的心理盲點》（朝日出版社，二〇一三年）一書大幅增加內容之新增版。
內頁插畫／服部公太郎

ISBN 978-957-13-7288-4
Printed in Taiwan